VOCÊ VAI SAIR DESSA!

Max Lucado

VOCÊ VAI SAIR DESSA!

DEUS ESTÁ AO SEU LADO MESMO QUANDO OS PROBLEMAS PARECEM NÃO TER SOLUÇÃO

Rio de Janeiro, 2022

Título original: *You'll Get Through This*
Copyright © 2013 por Max Lucado
Edição original por Thomas Nelson, Inc. Todos os direitos reservados.
Copyright da tradução © Vida Melhor Editora LTDA., 2013.
Todos os direitos desta publicação reservados por Vida Melhor Editora LTDA.

Gerente editorial	*Samuel Coto*
Editor	*André Lodos*
Produção editorial	*Bruna Gomes*
Copidesque	*Magda Carlos*
Revisão	*Daniel Borges e Simone Fraga*
Capa	*Douglas Lucas*
Diagramação	*Julio Fado*

Os pontos de vista desta obra são de total responsabilidade de seu autor, não refletindo necessariamente a posição da Thomas Nelson Brasil, da HarperCollins Christian Publishing ou de sua equipe editorial.

As citações bíblicas são da *Nova Versão Internacional* (NVI), da Bíblica, Inc., a menos que seja especificada outra versão da Bíblia Sagrada.

Dados Internacionais de Catalogação na Publicação (CIP)
Angélica Ilacqua CRB-8/7057

L931v

Lucado, Max
  Você vai sair dessa! : Deus está ao seu lado mesmo quando os problemas parecem não ter solução / Max Lucado ; tradução de [Lilian Jenkino]. - 2. ed. - Rio de Janeiro : Thomas Nelson Brasil, 2019.
  224 p.

ISBN 978-85-7167-058-7
Título original: You'll Get Through This

1. Sofrimento - Aspectos religiosos - Cristianismo 2. Esperança - Aspectos religiosos - Cristianismo I. Título II. Jenkino, Lilian

19-1354	CDD 248.86
	CDU 248.12

Thomas Nelson Brasil é uma marca licenciada à Vida Melhor Editora LTDA.
Todos os direitos reservados à Vida Melhor Editora LTDA.
Rua da Quitanda, 86, sala 218 – Centro
Rio de Janeiro, RJ – CEP 20091-005
Tel.: (21) 3175-1030
www.thomasnelson.com.br

Para Cheryl Green Steady, segura, sábia, cheia de alegria e fé. Obrigado pelas incontáveis horas de serviço que você tem doado ao ministério UpWords e à igreja Oak Hills. Você é um modelo de doação.

Sumário

Agradecimentos 9

Capítulo 1
Você vai sair dessa 11

Capítulo 2
Para baixo, para baixo... Para o Egito 23

Capítulo 3
Sozinho, nunca solitário 35

Capítulo 4
Um erro não compensa outro 47

Capítulo 5
Ah, então é um treinamento! 57

Capítulo 6
Espere enquanto Deus trabalha 71

Capítulo 7
Mais persistente que o Bozo 81

Capítulo 8
Deus é bom quando a vida é ruim? 91

Capítulo 9
Uma colherada de gratidão para acompanhar, por favor 103

Capítulo 10
Sobre escândalos e a falta de caráter na família 115

Capítulo 11
A vingança é boa, até que... 125

Capítulo 12
O príncipe é o seu irmão 135

Capítulo 13
Diga adeus às despedidas 147

Capítulo 14
Mantenha a calma e siga em frente 159

Capítulo 15
Mal. Deus. Bem. 171

Para refletir 179
Notas 219

Agradecimentos

A Liz Heaney e Hill Karen, editoras-chefes [da edição americana]. Jamais serei grato o suficiente pelas longas e inúmeras horas de dedicação.

À equipe editorial formada por David Moberg, Paula Major, Liz Johnson, LeeEric Fesko, Greg e Susan Ligon, Jana Muntsinger e Pamela McClure. Por mais de uma vez vocês nos surpreenderam com muita criatividade e um trabalho abnegado.

A Steve Green e Cheryl, sua esposa, a quem este livro é dedicado. Vocês nunca buscam os aplausos, sempre tentam fugir dos créditos. Não obstante, todos nós que confiamos em vocês sabemos que teríamos afundado como uma pedra em um lago sem a sua preciosa ajuda.

A Carol Bartley, preparadora de originais. Com você e com a graça de Deus, todos os meus erros são apagados! Você nos dá qualidade, cara amiga. Fico muito feliz por tê-la na nossa equipe.

Ao nosso ministro sênior da igreja de Oak Hills, Randy Frazee, e ao nosso ministro executivo, Mark Tidwell. Tenho a honra de poder chamá-los de amigos.

À igreja Oak Hills. A publicação deste livro coincide com o 25º aniversário da igreja. Que Deus nos conceda mais 25 anos!

A David Treat. Um obrigado especial a você pelas orações e pela presença pastoral.

A Margaret Mechinus, Tina Chisholm, Ashley Rosales e Janie Padilla. Os seus olhos atentos não deixam escapar nada, das correspondências às encomendas dos livros. Mais uma vez, *gracias*!

A David Drury. Você está sempre a apenas um telefonema ou a um e-mail de distância. O seu conhecimento teológico é uma bênção.

Já que este é o meu trigésimo livro de não ficção, creio ser apropriado agradecer às livrarias, tanto as virtuais quanto as físicas, pelas três décadas de parceria.

Às minhas filhas e ao meu genro, Jenna, Brett, Andrea e Sara. Vocês estão sempre em primeiro lugar no meu coração e nos meus pensamentos.

A Denalyn, a minha querida esposa. Você é uma vela na minha caverna, sempre calorosa e brilhante. Eu te amo.

CAPÍTULO 1

VOCÊ VAI SAIR DESSA

Havia um tremor naquela mulher, um tremor interior que era possível sentir só de encostar a mão no seu ombro. Nós nos encontramos em um supermercado. Havia meses eu não esbarrava com ela. Perguntei sobre os filhos e o marido, e, em seguida, os olhos dela se encheram de lágrimas, o queixo tremeu e a história foi revelada. O marido a deixara. Depois de vinte anos de casamento, três filhos e uma dúzia de casas novas, tudo acabara. Ele a trocara por uma modelo mais jovem. Ela fez o melhor que pôde para manter a compostura, mas não conseguiu. A seção de hortifrúti do supermercado se transformou em uma espécie de confessionário. Bem em meio aos tomates e aos pés de alface, ela chorou. Nós oramos. Então eu disse: "Você vai sair dessa. Não será sem dor. Não será rápido. Mas Deus vai usar essa bagunça toda para o bem. Por enquanto, não seja tola nem ingênua. Mas também não se desespere. Com a ajuda de Deus, você vai sair dessa."

Dois dias depois, um amigo me ligou. Ele acabara de ser demitido, e por justa causa. Ele havia feito comentários estúpidos e inapropriados no trabalho. Declarações cruéis e ofensivas. O seu chefe acabou por demiti-lo. Agora ele era um gerente desempregado de 57 anos vivendo em uma economia arrasada. Ele se sentia muito mal e o seu discurso fazia tudo parecer ainda pior. A esposa vivia irritada. Os filhos estavam confusos. Ele precisava de um conforto, então eu disse: "Você vai sair dessa. Não será sem dor. Não será rápido. Mas Deus vai usar essa bagunça toda para o bem. Por enquanto, não seja tolo nem ingênuo. Mas também não se desespere. Com a ajuda de Deus, você vai sair dessa."

Então surgiu a adolescente que conheci no café onde ela trabalha. Acabara de sair da escola e esperava entrar em uma universidade no mês seguinte. Mas a vida dela não havia sido nada fácil. Quando tinha seis anos, os pais se divorciaram. Aos 15, os pais tornaram a se casar, mas se divorciaram novamente meses depois. Logo depois, ambos a encurralaram com a escolha: ir morar com o pai ou com a mãe. A garota tinha um olhar perdido enquanto me contava tudo. Não tive a oportunidade de dizer, mas, se eu a vir de novo, pode apostar que vou olhar no fundo dos olhos dela e dizer: "Você vai sair dessa. Não será sem dor. Não será rápido. Mas Deus vai usar essa bagunça toda para o bem. Por enquanto, não seja tola nem ingênua. Mas também não se desespere. Com a ajuda de Deus, você vai sair dessa."

Muita audácia da minha parte, não? Como ouso dizer coisas assim? De onde tirei a coragem para lançar uma promessa dessas em meio a tanta tragédia? Na verdade, foi em um poço. Um poço fundo e escuro. Tão fundo que o rapaz dentro dele não conseguia sair. Mesmo que conseguisse, os irmãos voltariam a empurrá-lo, pois foram eles que o jogaram ali.

> Aconteceu que, chegando José a seus irmãos, tiraram de José a sua túnica, a túnica de várias cores, que trazia. E tomaram-no, e lançaram-no na cova; porém a cova estava vazia, não havia água nela. Depois assentaram-se a comer pão. (Gênesis 37:23-25, ACF)

Era uma cisterna abandonada. Raízes e pedras pontiagudas cobriam as paredes internas. No fundo, o rapaz de apenas 17 anos jogado ao chão. A barba não era mais que uma penugem; os braços, bastante magros. As mãos estavam atadas, assim como os tornozelos. Ele estava de lado, os joelhos juntos ao peito, encolhido naquele pequeno espaço. A terra estava úmida na área onde a saliva escorria da boca. Os olhos estavam arregalados de medo. De tanto gritar, a voz já saía rouca. Mas não fora por isso que os irmãos não o ouviram. Vinte e dois anos depois, quando a fome havia domado toda aquela arrogância e quando a culpa sobrepujara todo o orgulho daqueles irmãos, eles confessaram: "Vimos a angústia da sua alma, quando nos rogava; nós, porém, não ouvimos" (Gênesis 42:21, ACF).

Pois esses jovens eram os bisnetos de Abraão, filhos de Jacó. Eram os mensageiros da aliança de Deus com o mundo inteiro. Muitas tribos viriam a carregar os seus estandartes. O nome de Jesus Cristo surgiria da mesma árvore genealógica. Eles eram o equivalente a uma realeza das Escrituras. Não obstante, naquele episódio, aqueles jovens não passavam de uma família problemática da idade do bronze. Eles poderiam ter tido um *reality show* só para eles. À sombra de um sicômoro, a uma distância em que podiam ouvir os apelos de José, aqueles irmãos mastigavam a carne de caça e compartilhavam o odre entre si. Agiam de maneira tola e cruel. O coração deles estava mais seco do que o deserto de Canaã. A comida era mais importante que o próprio irmão. Eles desprezavam o jovem. "Vendo, pois, seus irmãos [...], odiaram-no, e não podiam falar com ele pacificamente [...] por isso o odiaram. [...] Ainda mais o odiavam [...] Seus irmãos, pois, o invejavam" (Gênesis 37:4-5,8,11, ACF).

Eis o porquê: o pai de todos eles mimava José tal qual um novilho premiado. Jacó tinha duas esposas, Leia e Raquel, mas apenas um amor: Raquel. Quando ela morreu, Jacó manteve viva a lembrança da esposa adulando o primogênito dela. Os irmãos trabalhavam o dia inteiro, enquanto José brincava. Eles usavam roupas de segunda mão. Jacó deu a José uma túnica multicolorida, cerzida à mão, com mangas adornadas. Eles dormiam em um alojamento. José tinha uma cama enorme no seu próprio quarto. Enquanto os irmãos cuidavam do rebanho da família, José, o queridinho do papai, ficava em casa. Jacó tratava o seu 11º filho como se fosse o primogênito. Os irmãos cuspiam no chão só de avistar José.

Dizer que essa família estava em crise seria o mesmo que dizer que uma cabana de palha pode não sobreviver a um furacão.

Então os irmãos apanharam José longe de casa, a quilômetros de distância da proteção do pai, e despejaram todo o rancor que sentiam sobre ele. "Chegando José a seus irmãos, *tiraram* de José a sua túnica [...] e *tomaram-no, e lançaram-no* na cova" (Gênesis 37:23-24, ACF).[1] Aqui são usados verbos bem desafiadores. Eles não queriam apenas matar José, mas também esconder o corpo. Trava-se de um assassinato com ocultação de cadáver premeditado. "Diremos: 'Uma fera o comeu'" (Gênesis 37:20).

José nem suspeitou do ataque. Naquele dia, ele não saiu da cama pensando: "É melhor eu usar uma roupa mais resistente porque hoje é o dia em que serei jogado em um buraco." Aquele ataque o pegou desprevenido. Assim como aconteceu com você.

O poço de José veio sob a forma de uma cisterna. Talvez o seu tenha vindo sob a forma de um diagnóstico, de um problema na família ou de um acidente traumático. José foi jogado em um buraco e deixado ao léu. E quanto a você? Jogado na fila do desemprego e esquecido. Jogado em um divórcio e abandonado. Jogada em uma cama e violentada. O poço. Ele é um tipo de morte, austero e desprovido de água. Certas pessoas não conseguem se recuperar jamais. Nele, a vida se reduz a um único objetivo: sair e nunca mais se machucar. Mas não é simples. Não existe saída fácil para muitos poços.

A história de José piorou antes de melhorar. Ao abandono se seguiu a escravidão, depois uma armadilha e, por fim, a prisão. Ele sofreu um golpe absolutamente inesperado. Acabou sendo vendido. Foi maltratado. As pessoas faziam promessas a ele e depois as quebravam, ofereciam presentes para depois tomá-los. Se a dor fosse uma região alagada, então José fora sentenciado a uma vida inteira de trabalho duro no Pantanal.

Mesmo assim, ele nunca desistiu. A amargura nunca tomou conta dele. A raiva jamais sofreu a metástase que a transforma em ódio. O seu coração nunca endureceu; a sua determinação jamais esmoreceu. Mas José não conseguiu apenas sobreviver; ele prosperou. Ele ascendeu tal qual um balão de gás hélio. Um oficial egípcio o promoveu a escravo-

-chefe. O diretor da prisão o elevou acima dos demais condenados. Até mesmo o faraó, o maior soberano do planeta, deu tapinhas no ombro de José e o nomeou primeiro-ministro. No fim da vida, José era o segundo homem mais poderoso de toda a sua geração. Não é exagero afirmar que ele salvou o mundo da fome. Como será que tudo isso ficaria em um currículo?

José

Filho de Jacó

Graduado com honras pela Universidade dos Golpes Duros

Diretor de esforços globais para a salvação da humanidade

Bem-sucedido

Mas como? Como ele conseguiu desabrochar em meio à tragédia? Ora, não precisamos especular. Cerca de vinte anos depois, os papéis se inverteram. Agora, José era o forte e os seus irmãos, os fracos. Eles chegaram ao irmão cheios de medo. Temiam que ele resolvesse dar o troco e jogá-los em um poço que eles mesmos haveriam de cavar. Mas José não fez nada disso. Na explicação dele, conseguimos enxergar uma fonte de inspiração.

> Vós bem intentastes mal contra mim; porém Deus o intentou para bem, para fazer como se vê neste dia, para conservar muita gente com vida. (Gênesis 50:20, ACF)

Nas mãos de Deus, o mal intencional se torna o bem eventual.

José agarrou o pilar dessa promessa e se segurou a ele com a força da sua vida. Na sua história, nada foi usado para encobrir a *presença* do mal. Ao contrário, encontramos manchas de sangue e marcas de lágrimas em todo lugar. O coração de José foi esfregado diretamente contra as pedras da deslealdade e da injustiça. Mesmo assim, vez após vez, Deus o redimiu da dor. A túnica rasgada se transformou em túnica real. O poço se transformou em palácio. A família alquebrada conseguiu envelhecer junta. Todos os atos que tencionavam destruir aquele servo de Deus acabaram por fortalecê-lo.

"Vós bem *intentastes* mal contra mim", disse José aos irmãos, usando um verbo hebraico cujo significado remonta a "tecer" ou "trançar".[2] "Vocês *teceram* o mal", ele dizia, "mas Deus *teceu de novo* e o transformou em bem."

Deus, o Mestre Tecelão. Ele estica a lã e entrelaça as cores, misturando cordões desgastados com fios de veludo, confundindo dores com prazeres. Nada escapa ao alcance dele. Cada rei, cada déspota, cada estação climática e cada molécula estão sob as suas ordens. Ele move o tear para a frente e para trás, por sobre as gerações e, ao fazê-lo, surge um plano. Satanás tece; Deus tece de novo.

Deus, o Mestre Construtor. É esse o significado por trás das palavras de José: "Deus o intentou para bem, para *fazer*..."[3] O termo hebraico aqui traduzido como *fazer* é, na verdade, um termo relacionado com construção.[4] Descreve uma tarefa ou um projeto de obra semelhante àquele que tenho de enfrentar todas as manhãs. O estado americano do Texas está reconstruindo um viaduto próximo à minha casa. As três pistas usuais foram reduzidas a apenas uma, transformando um trajeto diário simples em uma irritação. Esse projeto interestadual, assim como a história da humanidade, está em desenvolvimento desde antes de o tempo começar. Guindastes passam pela nossa cabeça todos os dias. Trabalhadores erguem placas e pás, e milhões de pessoas reclamam. Bem, pelo menos sei que eu reclamo. "Quanto tempo será que isso vai durar?"

Mas os meus vizinhos da casa ao lado encaram esse projeto de maneira diferente. Eles trabalham na área da engenharia rodoviária e são consultores do departamento de transportes. Eles enfrentam o mesmo engarrafamento e os mesmos desvios que o restante da população, mas o fazem com uma atitude bem mais otimista. Por quê? Porque sabem como o projeto se desenvolve. "Vai levar algum tempo", respondem às minhas reclamações, "mas vai ser completado. É perfeitamente factível." Eles conhecem os planos.

Ao oferecer histórias como a de José, Deus permite que estudemos os seus planos. Mas que confusão! Irmãos desprezando irmãos. Buscas por poder. Fome e feudos familiares espalhados como pregos e sacos de cimento em um terreno vazio. A lógica de Satanás é simples e sinistra: destruir a família de Abraão e, assim, destruir o seu fruto: Jesus Cristo. O inferno inteiro, ao que parece, transformou em alvo os filhos de Jacó.

Mas veja o Mestre Construtor em ação. Ele limpa o entulho, estabiliza a estrutura e firma a cobertura até que o caos de Gênesis 37:24 ("lançaram-no na cova") se transforma no triunfo de Gênesis 50:20 ("para conservar muita gente com vida").[5]

Deus é o Mestre Tecelão, o Mestre Construtor. Ele redimiu a história de José. Será que ele não tem o poder para redimir a sua história também?

Você vai sair dessa. O seu medo não vai superar você. Todos nós o superamos. Temos medo de que a depressão nunca passe, que os gritos nunca cessem, que a dor nunca acabe. No fundo do poço, cercados pelas paredes altas e pelos irmãos enfurecidos, perguntamos: "Será que o céu cinzento irá se abrir? Será que esse fardo pode se aliviar?" Nos sentimos travados, aprisionados, trancados. Predestinados ao fracasso. Será que conseguiremos sair do poço?

Sim! A libertação está para a Bíblia assim como o samba para o Carnaval: alta, sonora e preenchendo todo o lugar.

É como a cova dos leões para Daniel, a prisão para Pedro, o grande peixe para Jonas, a sombra de Golias para Davi, a tempestade para os discípulos, a doença para os leprosos, a dúvida para Tomé, a sepultura para Lázaro e as correntes para Paulo. Deus nos faz *sair de* tudo. *Pelo* meio do mar (Êxodo 14:22), *pelo* deserto (Deuteronômio 29:5), *pelo* vale da sombra da morte (Salmos 23:4), *pelas* águas poderosas (Salmos 77:19). O ato de *sair de, passar por*, é um dos favoritos de Deus:

> Quando passares *pelas* águas, estarei contigo, e quando *pelos* rios, eles não te submergirão; quando passares *pelo* fogo, não te queimarás, nem a chama arderá em ti. (Isaías 43:2-3, ACF)[6]

Não será sem dor. Você já derramou a sua última lágrima ou já passou pela última sessão de quimioterapia? Talvez não. O seu casamento infeliz irá melhorar da noite para o dia? Provavelmente não. Você está livre da obrigação de visitar o cemitério algum dia? Deus garante que você não terá dificuldades e que terá força em abundância? Não nesta vida. Mas ele promete tecer de novo a sua dor com um propósito maior.

Não será rápido. José tinha 17 anos quando os irmãos o abandonaram. Depois, tinha pelo menos 37 quando tornou a vê-los. Mais uns anos se passaram antes que ele tornasse a ver o pai.[7] Às vezes, Deus tem o seu próprio tempo: 120 anos para preparar Noé para o dilúvio, oitenta anos para preparar Moisés para a sua obra. Deus chamou o jovem Davi para ser rei, mas mandou-o de volta para pastorear ovelhas. Ele chamou Paulo para ser apóstolo e o isolou na Arábia por cerca de três anos. Jesus permaneceu na Terra por três décadas antes que pudesse construir algo além de uma mesa de jantar. Quanto tempo Deus irá demorar com você? Ele tem o seu próprio tempo. A história dele não se redime em minutos, mas em vidas.

Mas Deus vai usar essa bagunça toda para o bem. Não conseguimos enxergar mais que uma bagunça; Deus vê tudo como uma chance perfeita para treinar, testar e ensinar o futuro primeiro-ministro. Vemos apenas uma prisão; Deus enxerga um forno. Vemos a fome; Deus enxerga o reassentamento da linhagem escolhida. Chamamos aquilo de Egito; Deus chama de custódia protetora, em que os filhos de Jacó podem escapar da bárbara Canaã e se multiplicar em abundância e em meio à paz. Vemos os truques e as armadilhas de Satanás. Deus enxerga apenas um Satanás confuso e derrotado.

Deixe-me ser bem claro. Você é uma versão de José para a sua geração. Você representa um desafio ao plano de Satanás. Você carrega algo de Deus dentro de si, algo nobre e sagrado, de que o mundo precisa

— sabedoria, bondade, perdão, força. Se Satanás neutralizar você, conseguirá calar a influência que você exerce.

A história de José está na Bíblia por um motivo: para ensinar você a confiar que Deus superará o mal. O que Satanás intenta para o mal, Deus, o Mestre Tecelão e Mestre Construtor, redime para o bem.

José seria o primeiro da fila a contar para você que a vida no poço é terrível. Mas, apesar de toda a podridão daquele lugar, será que o poço não serve para nada? Ele força você a olhar para cima. Alguém *lá em cima* tem de descer *aqui embaixo* e estender a mão para você. Foi o que Deus fez por José. No momento certo, do jeito certo, ele vai fazer o mesmo por você.

CAPÍTULO 2

PARA BAIXO, PARA BAIXO... PARA O EGITO

Os problemas de José começaram quando ele passou a falar demais. Certa manhã, ele chegou para o café da manhã falando pelos cotovelos e com ricos detalhes sobre as imagens que vira em sonho: feixes de trigo dispostos em um círculo, todos amarrados, prontos para serem colhidos. Cada um dos feixes tinha uma etiqueta com o nome de um dos irmãos: Rúben, Gade, Levi, Zebulom, Judá... Bem no meio do círculo estava o feixe de José. No sonho, apenas o feixe dele ficava de pé. A interpretação: vocês irão se curvar diante de mim.

Será que José esperava que os irmãos se animassem com esse sonho? Esperava que eles dessem tapinhas nas costas, dizendo: "Vamos todos alegremente ajoelhar diante de ti, ó irmãozinho"? É claro que não foi o que aconteceu. Pois chutaram a poeira do chão na direção do caçula e o escorraçaram dali.

Mas José não entendeu o recado. Ele apareceu de novo com outro sonho. Os feixes deram lugar a estrelas, um Sol e uma Lua. As estrelas representavam os irmãos. O Sol e a Lua simbolizavam o pai e a falecida mãe de José. Todos se curvavam diante dele. De José! O menino da túnica elegante e da pele macia. Eles se curvando diante de José?

Ele devia ter guardado o sonho para si mesmo.

Talvez fosse exatamente esse o pensamento que passava pela cabeça de José no fundo daquela cisterna. As súplicas por ajuda não surtiram nenhum efeito. Os irmãos aproveitaram a chance de emboscar e silenciar o caçula de uma vez por todas.

Mas, do fundo do poço, José percebeu um som diferente: o barulho de uma carroça e de um camelo, talvez dois. Depois, novas vozes. Estrangeiras. Eles falavam com os irmãos com algum sotaque. José se esforçou para entender a conversa.

— Podemos vendê-lo a vocês...

— Por quanto?

— ...trocar pelos camelos...

Quando olhou para cima, José viu os rostos circundando o poço e olhando para ele.

Por fim, um dos irmãos desceu pela cisterna amarrado a uma corda, envolvendo os braços ao redor de José. Os demais ergueram os dois.

Os mercadores examinaram José dos pés à cabeça. Enfiaram o dedo na boca dele para contar os dentes. Beliscaram os seus braços para examinar os músculos. Os irmãos ainda acrescentaram:

— Nem um grama de gordura nesse aí. Forte como um touro. Ele consegue trabalhar o dia inteiro.

Foi só quando os mercadores então se reuniram e voltaram com uma oferta que José percebeu o que estava acontecendo.

— Parem com isso! Parem com isso, agora! Eu sou irmão de vocês! Vocês não podem me vender!

Os irmãos o chutaram para o lado e começaram a barganhar.

— Quanto vocês podem pagar por ele?

— Nós lhes daremos dez moedas.

— Não aceitamos menos de trinta.

— Quinze, e nada mais.

— Vinte e cinco.

— Vinte; essa é a nossa oferta final.

Os irmãos pegaram as moedas, a bela túnica e foram embora. José caiu de joelhos e se lamentou. Então os mercadores puseram uma corrente ao redor do pescoço dele e a prenderam na carroça. José, sujo e banhado em lágrimas, não tinha escolha senão seguir a comitiva. Ele se arrastava atrás da carroça barulhenta e dos camelos esqueléticos.

Olhando por cima do ombro, lançou um último olhar para os irmãos, que desapareciam no horizonte.

— Ajudem-me!

Ninguém olhou de volta.

"Seus irmãos [...] o venderam por vinte peças de prata aos ismaelitas, que o levaram para o Egito" (Gênesis 37:28).

Para baixo, na direção do Egito. Poucas horas antes, a vida de José era só olhar para cima. Ele ganhara uma túnica nova e tinha lugar de destaque em casa. Ele sonhava que os pais e os irmãos olhariam para cima para vê-lo. Mas tudo que sobe tem que descer, e a vida de José desceu como um raio. Posto abaixo pelos próprios irmãos. Jogado em uma cisterna abandonada. Empurrado pelos irmãos e, seguindo a corrente, vendido como escravo. E então, seguindo o caminho para baixo, na direção do Egito.

Para baixo, para baixo, para baixo. Despojado do seu nome, da sua vida, da posição que tinha. Tudo que lhe pertencia, tudo o que ele achou que teria, desapareceu. Sumiu. *Puf.* Sem mais nem menos.

Foi o que aconteceu com você? Será que você já caiu em depressão, caiu até o seu último centavo, caiu até chegar à audiência para definir a guarda de um filho, até o fundo da ordem de despejo, já caiu até acabar a sorte, caiu na sua vida... caiu... lá embaixo, no Egito?

A vida nos puxa para baixo.

José chegou ao Egito sem nada. Nem um centavo em seu nome, nem com o nome valendo um centavo sequer. A sua árvore genealógica não valia de nada. A ocupação que tinha era desprezada.[1] O povo sem barba e de cabeça raspada das pirâmides evitava os beduínos peludos do deserto.

Sem credenciais em que se apoiar. Sem vocação em que se agarrar. Sem família para se sustentar. José havia perdido tudo, com uma só exceção: o seu destino.

O céu o havia convencido por meio dos sonhos estranhos de que Deus tinha planos para ele. Os detalhes eram vagos e imprecisos, claro. José não tinha como saber quais seriam as particularidades do futuro à sua espera. Mas os sonhos diziam isto: ele teria um lugar de proeminência na sua família. José se apegou aos sonhos como se eles fossem um colete salva-vidas.

E de que outra maneira se pode explicar a sobrevivência dele? A Bíblia nada diz a respeito de treinamentos, da educação que recebeu, de habilidades ou de talentos. Mas o narrador garantiu um papel central para o destino de José.

O menino hebreu perdeu a família, a dignidade e a terra natal, mas jamais perdeu a certeza na confiança que Deus depositava nele. Caminhando com dificuldade pelo deserto na direção do Egito, José decidiu: "Não vai terminar assim. Deus tem um sonho para a minha vida." Enquanto carregava as correntes pesadas dos mercadores de escravos, ele lembrou: "Fui chamado para fazer mais do que isso." Arrastado para uma cidade de línguas diferentes e de rostos limpos, disse para si mesmo: "Deus tem planos maiores para mim."

Deus tinha um destino para José, e o menino acreditou nesse destino.

Você acredita no destino que Deus tem para você?

Estou entrando na minha terceira década como pastor. Trinta anos é bastante tempo para ouvir histórias de Josés. Conheci muitas pessoas arrastadas para o Egito. Para baixo, para baixo, para baixo. E aprendi qual é a pergunta que deve ser feita. Se estivéssemos tendo essa conversa tomando um café, neste momento, eu me inclinaria sobre a mesa e perguntaria: "O que você ainda tem que não pode perder?" As dificuldades levam muitas coisas embora. Eu entendo isso. Mas existe um dom que os seus problemas não conseguem alcançar: o destino. Podemos falar sobre ele?

Você é filho de Deus. Ele viu você, escolheu você e o colocou ao seu lado. "Vocês não me escolheram, mas eu os escolhi" (João 15:16). Antes de ser um açougueiro, um padeiro ou um marceneiro, antes de ser homem ou mulher, asiático ou negro, você é filho de Deus. Talvez um substituto, ou postiço, você pergunta? Acho que não. Você é a primeira escolha dele.

Mas nem tudo na vida é assim. Certa vez, minutos antes de eu celebrar um casamento, o noivo virou para mim e disse:

— Você não foi a minha primeira escolha.

— Não fui?

— Não. O pastor que eu escolhi não pôde comparecer.

— Ah.

— Mas muito obrigado por substituí-lo.

— Claro. É só chamar.

Até pensei em assinar o registro como "Substituto".

Mas você jamais vai ouvir tais palavras vindas de Deus. Ele escolheu você. Essa escolha não foi obrigatória, requisitada, compulsória, forçada ou compelida. Ele escolheu você porque quis. Você é uma escolha aberta, premeditada, voluntária da parte dele. Ele chegou ao lote do leilão em que você estava e proclamou: "Este filho é meu." E ele o comprou com o "precioso sangue de Cristo, como de um cordeiro sem mancha e sem defeito" (1Pedro 1:19). Você é filho de Deus.

Você é filho dele *para sempre*.

Não acredite no que diz a lápide. Você é mais que apenas um traço em meio a duas datas. "Sabemos que, se for destruída a temporária habitação terrena em que vivemos (o corpo humano nesta terra), temos da parte de Deus um edifício, uma casa eterna no céu, não construída por mãos humanas" (2Coríntios 5:1). Não se deixe levar pelos pensamentos de curto prazo. As dificuldades não irão durar para sempre, mas você vai.

Deus terá o seu Éden. Ele está criando um jardim em que Adões e Evas poderão compartilhar da semelhança e do amor divino, em paz uns com os outros, com os animais e com a natureza. Iremos reinar com ele sobre terras, cidades e nações. "Se perseveramos, com ele também reinaremos" (2Timóteo 2:12).

Acredite nisso. Agarre-se a isso. Anote essas palavras no interior do seu coração. Pode parecer que as dificuldades jogaram a sua vida em mar aberto, mas não é verdade. Você ainda tem o seu destino.

O meu pai percorreu o caminho do Egito. Nossa família não chegou a traí-lo; esse papel coube à saúde dele. Ele havia acabado de se aposentar. O meu pai e a minha mãe tinham guardado algum dinheiro e feito planos. Eles pretendiam visitar vários parques nacionais em um trailer. Foi quando veio o diagnóstico: esclerose lateral amiotrófica (ELA ou doença de Lou Gehrig), uma doença degenerativa grave que afeta os músculos. Em alguns meses, ele já não conseguia comer, se vestir nem tomar banho. O mundo como ele o conhecia havia desaparecido.

Naquela época, eu estava me preparando para fazer um trabalho missionário no Brasil com a minha esposa, Denalyn. Quando recebemos a notícia, logo me ofereci para mudar os planos. Como poderia deixar o país enquanto o meu pai estava morrendo? A resposta do meu pai foi imediata e repleta de confiança. Ele não costumava escrever cartas longas, mas essa preencheu quatro folhas.

> A respeito da minha doença e da sua ida ao Rio [de Janeiro]: essa resposta é bem simples para mim, e ela é... *Vá*. Não tenho medo da morte, nem da eternidade [...], portanto, não se preocupe comigo. Apenas *vá*. Faça a vontade dele.

Papai perdeu muito: a saúde, a aposentadoria, os anos com os filhos e netos, os anos com a esposa. A perda foi dura, mas não foi completa. "Pai", eu poderia ter perguntado, "o que você tem que não pode perder?" Ele ainda levava o chamado de Deus no coração.

Costumamos nos esquecer disso no caminho para o Egito. Os destinos esquecidos se acumulam e poluem a paisagem como carcaças. Acabamos redefinidos pela catástrofe. "Eu sou o divorciado, o viciado, o empresário falido, o menino com deficiência, aquele que tem a cicatriz." Nós nos contentamos com um destino pequeno: ganhar dinheiro, fazer amigos, construir um nome, ganhar músculos, fazer amor com todo mundo e com qualquer um.

Tome a decisão de não cometer esse erro. Você acha que perdeu tudo? Pois não perdeu. "Os dons e o chamado de Deus são irrevogáveis" (Romanos 11:29). Ouça e preste atenção ao seu chamado.

É assim que funciona: a sua empresa está demitindo os funcionários. Por fim, o seu chefe chama você à sala dele. Por mais gentil que ele tente ser, uma demissão é sempre uma demissão. De repente, você se vê limpando a sua mesa de trabalho. Então, as vozes da dúvida e do medo aumentam o volume. "Como vou pagar as contas? Quem é que vai me contratar?" O medo domina os seus pensamentos. Mas, então, você se lembra do seu destino: "O que tenho que não posso perder?"

"Espere um minuto. Eu ainda sou filho de Deus. A minha vida é mais do que esta vida. Esses dias não passam de vapor, de uma brisa que sopra. Tudo isso um dia passará. Deus irá fazer algo de bom com tudo isso. Vou trabalhar bastante, permanecer fiel e confiar nele, não importa o que aconteça."

Bingo. Você acabou de confiar no seu destino.

Experimente esta aqui: o seu noivo pede a aliança de noivado de volta. Todas as promessas e o pedido de casamento desapareceram no instante em que ele conheceu aquela garota nova no trabalho. O canalha. O vagabundo. Aquele mar de inutilidade. Do mesmo modo que José, você acaba de ser jogada no fundo do poço. E, assim como ele, você escolhe ouvir o chamado de Deus na sua vida. Não é fácil. Você se sente tentada a dar o troco. Mas, em vez disso, decide refletir sobre o seu destino. "Eu sou filha de Deus. A minha vida é mais do que esta vida... mais do que um coração partido. Essa é a promessa de Deus e, ao contrário daquele cara lamentável, Deus jamais quebra promessa alguma."

Mais uma vitória de Deus.

A sobrevivência no Egito começa com um sim ao chamado de Deus na sua vida.

Anos depois da morte do meu pai, recebi uma carta de uma mulher que se lembrava dele. Ginger tinha apenas seis anos quando a sua turma na escola dominical fez vários cartões desejando uma boa recuperação para os membros da nossa igreja que estavam enfermos. Ela havia feito um cartão de papelão roxo brilhante e o enfeitara cuidadosamente com uma moldura de adesivos. Dentro do cartão, ela escreveu: "Eu amo você, mas Deus ama você acima de tudo." A mãe dela fez uma torta e as duas foram fazer a entrega.

Papai já estava acamado. O fim estava próximo. A mandíbula dele costumava pender, fazendo com que ficasse de boca aberta. Ele conseguia estender a mão, mas a sua mão já não passava de uma garra retorcida por causa da doença.

Sabe-se lá como, mas Ginger acabou ficando sozinha com ele em algum momento e fez uma pergunta daquelas que só as crianças de seis anos podem fazer:

— Você vai morrer?

Papai estendeu a mão e pediu que ela chegasse mais perto.

— Sim, eu vou morrer. Quando? Não sei.

Ela perguntou se ele estava com medo de ir para longe.

— Longe é o Céu — respondeu ele. — Vou ficar com o meu Pai. Estou pronto para vê-lo olho no olho.

Pouco depois, a minha mãe e a mãe de Ginger voltaram ao quarto. Na carta, Ginger conta:

> A minha mãe consolou os seus pais com um sorriso amarelo no rosto. Mas eu lhe dei um sorriso enorme, lindo, um sorriso *de verdade*, e o seu pai fez o mesmo e piscou para mim.
>
> O propósito pelo qual conto tudo isso é que vou com a minha família para o Quênia. Vamos levar Jesus para uma tribo perto do litoral. Estou com muito medo pelos meus filhos, porque sei que haverá dificuldades e doenças. Mas, quanto a mim, não estou com medo, porque sei que o pior que pode acontecer é eu ver o "meu Pai olho no olho".
>
> Foi o seu pai que me ensinou que a terra é apenas uma passagem e que a morte não é mais que um renascimento.

Um homem, no leito de morte, piscando ao refletir sobre o fim. Desprovido de tudo? Só parecia assim. No fim, papai ainda tinha algo que ninguém conseguiu tirar. No fim, era tudo de que ele precisava.

CAPÍTULO 3

Sozinho, nunca solitário

Melanie Jasper diz que Cooper, o seu filho, nasceu com um sorriso no rosto. As covinhas provocadas pelo riso nunca saíam das bochechas. Ele conquistava o coração de todos que o conheciam: das três irmãs mais velhas, dos pais, dos avós, dos professores e dos amigos. Ele adorava rir e amar. O seu pai, JJ, confessando certa parcialidade, dizia que Cooper era um filho praticamente perfeito.

Cooper nasceu em uma família considerada perfeita. Donos de uma fazenda, amantes da diversão, tementes a Deus e sedentos por Cristo, JJ e Melanie dedicavam a vida aos quatro filhos. JJ aproveitava cada momento que tinha com o seu único filho. Era por isso que eles estavam juntos naquele buggy em 17 de julho de 2009. Pai e filho iriam cortar a grama juntos, mas o cortador precisava de uma nova vela de ignição. Enquanto Melanie ia à cidade para comprar a peça, JJ e Cooper, então com cinco anos, aproveitaram esse mesmo tempo para dar uma volta no buggy. Aquela era apenas mais uma das milhares de voltas que davam juntos no veículo, quando costumavam correr por uma pista de terra para cima e para baixo. A aventura não tinha nada de novo. A novidade fora o capote. Em um trecho absolutamente reto, com Cooper usando o cinto de segurança, JJ foi fazer uma volta e o *buggy* capotou.

Cooper não respondia. JJ ligou primeiro para a emergência e depois para Melanie. "Houve um acidente", disse ele. "Acho que Cooper não vai sobreviver." As horas que se seguiram foram a materialização do pesadelo de qualquer pai: ambulância, pronto-socorro, choro e choque. Por fim, a notícia. Cooper havia passado desta vida para o Céu. JJ e Melanie então se viram tendo de fazer o impensável: escolher o caixão, planejar o funeral e tentar imaginar como seria a vida sem o único filho que tinham. Nos dias seguintes ao acidente, entraram em um estado mental de completo estupor. Todas as manhãs, ao acordar, um se apoiava no outro e ambos choravam descontroladamente. Depois de reunir coragem suficiente para sair da cama, desciam para encontrar amigos e parentes que aguardavam por eles. Os dias eram uma eterna vigília que durava até a hora de voltar para a cama. De volta ao leito, tornavam a se apoiar mutuamente, chorando, até pegar no sono.

JJ me disse: "Não existe aula nem livro neste planeta que possa preparar você para ver o seu filho de apenas cinco anos morrendo nos seus braços... Sabemos bem o que é o fundo do poço".[1]

O fundo do poço. Passamos muito tempo na vida — talvez a maior parte dela — à meia altura. Eventualmente, alcançamos o topo: o casamento, uma promoção, o nascimento de um filho. Mas a maior parte da vida acontece à meia altura. Vivemos em meio às obrigações das caronas de segunda-feira, dos orçamentos, das receitas.

Mas, de vez em quando, a vida vai lá embaixo. O buggy capota, o mercado imobiliário entra em colapso, o laudo do exame resulta positivo e, antes que você possa perceber, se vê descobrindo como é o fundo do poço.

No caso de José, ele acabou descobrindo como é ser objeto de um leilão no Egito. Os lances começaram e, pela segunda vez na vida, ele estava jogado ao mercado. O filho favorito de Jacó se viu sendo cutucado e observado, examinado em busca de pulgas e empurrado para lá e para cá como um burrico. Potifar, um oficial egípcio, foi quem o comprou. José não falava a língua nem conhecia a cultura daquele país. A comida era estranha, o trabalho era cansativo e todas as probabilidades estavam contra ele.

Assim, só podemos esperar pelo pior ao virar a página. O próximo capítulo dessa história vai tratar do compreensível mergulho de José no vício, na ira ou no desespero, certo? Errado.

"O SENHOR estava com José, de modo que este prosperou e passou a morar na casa do seu senhor egípcio" (Gênesis 39:2). José chegou ao Egito com nada além das roupas do corpo e o chamado de Deus no coração. Apesar dessa penúria, não demoram quatro versículos para vermos José administrando a casa do homem que cuidava da segurança do faraó. Como explicar essa reviravolta? Simples. Deus estava com ele.

> O SENHOR estava com José, de modo que este prosperou.
> (Gênesis 39:2)

> [O mestre de José] percebeu que o SENHOR estava com ele e que o fazia prosperar em tudo o que realizava.
> (Gênesis 39:3)

> O SENHOR abençoou a casa do egípcio por causa de José.
> (Gênesis 39:5)

> A bênção do SENHOR estava sobre tudo o que Potifar possuía.
> (Gênesis 39:5)

É aqui que a história de José se separa dos livros de autoajuda e das fórmulas que prometem o segredo do sucesso ao apontar para um poder interior ("cave mais fundo"). A história de José aponta em outra direção ("olhe mais para cima"). José teve sucesso porque Deus estava presente. Deus estava para José como um cobertor para um bebê — Deus o envolvia por completo.

Será que ele não pode fazer o mesmo por você? Eis aqui você na sua própria versão do Egito. Tudo parece estranho. Você não conhece a língua. Você nunca precisou estudar o vocabulário da crise. Você se sente longe de casa, completamente sozinho. Não há dinheiro. Nem esperança. Muito menos amigos. O que sobra? Deus.

Davi perguntou: "Para onde poderia eu escapar do teu Espírito? Para onde poderia fugir da tua presença?" (Salmos 139:7). Depois, Davi faz uma lista dos vários lugares em que encontrou Deus: nos "céus, [...] na sepultura [...] Se eu subir com as asas da alvorada e morar na extremidade do mar, mesmo ali a tua mão direita me guiará" (Salmos 139:8-10). Deus está em todo lugar.

Se fosse José a escrever tais versículos, poderíamos ler: "Para onde poderia eu escapar do teu Espírito? Se eu for para o fundo da cisterna abandonada... para a frente do lote de um leilão de escravos... para a casa de um estrangeiro, mesmo ali a tua mão direita me guiará."

Já uma possível versão sua para os mesmos versículos poderia ser: "Para onde poderia eu escapar do teu Espírito? Se eu for para a clínica de reabilitação... para a UTI... para o departamento de imigração... para o abrigo de mulheres violentadas... para a prisão... mesmo ali a tua mão direita me guiará."

Você jamais conseguirá chegar aonde Deus não está. Tente pensar nas próximas horas da sua vida. Onde você estará? Em uma escola? Pois Deus habita as salas de aula. Em uma estrada? A presença divina permeia o tráfego. Na sala de cirurgias de um hospital, na sala de reuniões da empresa, na sala de estar da casa dos sogros, no cemitério? Pois Deus estará lá. "Deus [...] não está longe de cada um de nós" (Atos 17:27).

Cada um de nós. Deus não tem favoritos. Das multidões nas avenidas das grandes cidades aos vilarejos isolados no meio dos vales e das florestas, todas as pessoas podem desfrutar da presença de Deus. Mas muitos não o fazem. Muitas pessoas se arrastam pela vida como se não houvesse Deus para dar amor. Como se a única força de que precisam fosse a sua própria força. Como se a única solução viesse de dentro, não de cima. Essas pessoas vivem uma vida sem Deus.

Mas há muitos Josés entre nós: pessoas que sentem, veem e ouvem a presença de Deus. Pessoas que buscam Deus como Moisés buscou. Quando se viu subitamente encarregado de cuidar de dois milhões de escravos libertos, Moisés se perguntou: "Como vou conseguir sustentar esse povo? Como iremos nos defender dos inimigos? Como iremos sobreviver?" Moisés precisava de mantimentos, de ajudantes, de equipamentos e de experiência. Mas quando Moisés orou pedindo ajuda, declarou: "Se não fores conosco não nos envies" (Êxodo 33:15).

Moisés preferia não ir a lugar algum e estar com Deus a ir a qualquer lugar sem ele.

O mesmo aconteceu com Davi. O rei acabou parando em um Egito que ele mesmo causou. Davi seduziu a esposa de um soldado e acobertou esse pecado com assassinato e engodo. Quando finalmente confessou a imoralidade, fez apenas um pedido a Deus: "Não me expulses da tua presença, nem tires de mim o teu Santo Espírito" (Salmos 51:11).

Davi não pediu: "Não tire a minha coroa. Não afaste o meu reino de mim. Não tome o meu exército". Davi sabia o que era importante: a presença de Deus. E ele implorou a Deus por isso.

Faça exatamente o mesmo. Transforme a presença de Deus em uma paixão. Como? Seja mais esponja e menos pedra. Jogue uma pedra no oceano; o que acontece? A superfície da pedra se molha. O exterior pode até mudar de cor, mas a parte de dentro permanece intacta. Porém, jogue uma esponja no oceano e veja como se transforma: ela absorve a água. O oceano penetra em cada poro e transforma a essência da esponja.

Deus está ao nosso redor do mesmo jeito que o oceano Pacífico recobre uma pedrinha no leito do mar. Ele está em todo lugar — acima, abaixo, por todos os lados. Podemos escolher a resposta que damos — pedra ou esponja? Resistir ou receber? Todos os seus sentimentos dizem: Endureça o coração; "Corra da presença de Deus; resista a Deus; jogue a culpa em Deus." Tome cuidado. Um coração endurecido nunca se cura. Os corações transformados em esponja, sim. Abra cada poro da sua alma para a presença de Deus. Vou mostrar como.

Declare a vontade pela proximidade de Deus. "Nunca o deixarei, nunca o abandonarei" (Hebreus 13:5). Em grego, essa passagem contém cinco negativas. Ela poderia ser traduzida como: "Não desejo não te deixar; também não deixo de não desejar, não te abandonar".[2] Agarre-se a essa promessa como se fosse um paraquedas. Repita para si mesmo de novo e de novo até que ela silencie as vozes do medo e da angústia.

"O Senhor, o seu Deus, está em seu meio, poderoso para salvar. Ele se regozijará em você, com o seu amor a renovará, ele se regozijará em você com brados de alegria" (Sofonias 3:17).

Talvez você até perca a *sensação* da presença de Deus. Foi o que aconteceu com Jó. "Mas, se vou para o oriente, lá ele não está; se vou para o ocidente, não o encontro. Quando ele está em ação no norte, não o enxergo; quando vai para o sul, nem sombra dele eu vejo!" (Jó 23:8-9). Jó se *sentiu* longe de Deus. Mas apesar da incapacidade de sentir Deus, Jó reconheceu: "Mas ele conhece o caminho por onde ando; se me puser à prova, aparecerei como o ouro" (Jó 23:10). Que determinação corajosa! Tempos difíceis exigem decisões baseadas na fé.

Assim, o salmista disse:

> Eu, quando estiver com medo,
> confiarei em ti. (Salmos 56:3)[3]

> Por que você está assim tão triste, ó minha alma?
> Por que está assim tão perturbada dentro de mim?
> Ponha a sua esperança em Deus!
> Pois *ainda o louvarei*. (Salmos 42:5)[4]

Não confunda a presença de Deus com o bom humor ou com o temperamento agradável. Deus está perto quer você esteja feliz ou não. Às vezes, é preciso levar os sentimentos para dar uma volta e ter uma boa conversa com eles.

Agarre-se ao caráter divino. Pegue a sua Bíblia, faça uma lista das qualidades mais profundas de Deus e grave essa lista no coração. A minha lista é esta:

> Ele ainda é soberano. Ele ainda conhece o meu nome. Os anjos ainda respondem ao chamado dele. O coração dos poderosos ainda obedece ao comando divino. A morte de Jesus ainda salva almas. O

Espírito de Deus ainda habita os santos. O Céu ainda está a algumas batidas de coração de distância. A sepultura ainda é uma morada temporária. Deus ainda é fiel. Ele nunca se deixa pegar desprevenido. Ele usa tudo para a sua glória e para fazer o bem a mim. Ele usa a tragédia para realizar a sua vontade, que é boa, perfeita e agradável. A tristeza pode chegar com a noite, mas a alegria chega junto com a manhã. Deus rende frutos em meio à aflição.

Quando deu a notícia da morte de Cooper para filha mais velha, JJ Jasper a preparou com estas palavras: "Preciso que você se agarre a tudo que sabe que Deus é, porque tenho notícias muito duras". Que conselho valioso!

Nos tempos de mudança, agarre-se firmemente ao caráter imutável de Deus. Quando tudo ao redor da alma revolve, ele é a minha esperança e morada.[5]

Ore para expelir a dor. Bata na mesa. Ande para lá e para cá na grama. É hora de fazer orações sinceras e obstinadas. Está bravo com Deus? Decepcionado com a estratégia dele? Irritado com as escolhas divinas? Faça com que ele saiba. Faça com que ele ouça! Foi o que fez Jeremias. O antigo profeta pastoreava nos arredores de Jerusalém durante um período de colapso econômico e de incertezas políticas. Invasões, desastres, exílio, fome, morte — Jeremias passou por tudo isso. A sua devoção era tão cheia de reclamações que as suas orações formam um livro chamado Lamentações.

> [Deus] me impeliu e me fez andar na escuridão,
> e não na luz; sim, ele voltou sua mão contra
> mim vez após vez, o tempo todo.
> Fez que a minha pele e a minha carne
> envelhecessem e quebrou os meus ossos.
> Ele me sitiou e me cercou de amargura e de pesar.
> Fez-me habitar na escuridão como
> os que há muito morreram.

> Cercou-me de muros, e não posso
> escapar; atou-me a pesadas correntes.
> Mesmo quando chamo ou grito por socorro,
> ele rejeita a minha oração. (Lamentações 3:2-8)

Jeremias preencheu cinco capítulos inteiros com esse tipo de fúria. Podemos resumir o conteúdo desse livro em uma linha: essa vida não presta! Mas por que Deus colocaria o livro das Lamentações na Bíblia? Talvez para convencer você a seguir o exemplo de Jeremias?

Vá em frente, registre a sua reclamação. "Derramo diante dele o meu lamento; a ele apresento a minha angústia" (Salmos 142:2). Deus não vai dar as costas para a sua raiva. Até mesmo Jesus ofereceu orações "em alta voz e com lágrimas" (Hebreus 5:7). É melhor levantar o punho para Deus do que dar as costas a ele. Como disse Agostinho: "Quão fundo nas profundezas estão aqueles que não gritam de lá".[6]

De início, talvez as palavras soem ocas e vazias. Talvez você só consiga murmurar as frases, embaralhando os pensamentos. Mas não desista e não se omita.

Confie no povo de Deus. Cancele aquela viagem que faria para o Himalaia. Esqueça as ilhas desertas. Não é tempo de ser um eremita. Seja uma craca no barco que é a igreja de Deus. "[Jesus disse:] Onde se reunirem dois ou três em meu nome, *ali eu estou* no meio deles" (Mateus 18:20).[7]

Por que o doente haveria de evitar o hospital? Que motivo teria o faminto para evitar um programa de caridade? Faz sentido que o deprimido abandone os centros de apoio à vida? Só se quiserem aumentar os riscos. O povo de Deus abastece o mundo da presença divina.

Certa vez, Moisés e os israelitas tiveram de enfrentar os amalequitas. A estratégia militar de Moisés foi um tanto quanto estranha. Josué foi encarregado de liderar a batalha no vale, enquanto Moisés subiu a montanha para orar. Mas ele não estava só; com ele, foram os seus dois tenentes, Arão e Hur. Enquanto Josué lidava com o combate físico, Moisés cuidava do embate espiritual. Arão e Hur ficaram cada um de um lado do seu líder para que pudessem erguer os braços dele na batalha da oração. Os israelitas prevaleceram porque Moisés orou. Moisés prevaleceu porque ele teve companhia para orar.

A minha esposa fez algo parecido. Anos atrás, Denalyn estava enfrentando a nuvem escura da depressão. Todos os dias eram cinzentos. A vida dela era barulhenta e atarefada — duas crianças no ensino fundamental e uma terceira no jardim de infância, além de um marido que não conseguia descer dos aviões e ficar em casa. A rotina então cobrou o seu preço. A depressão é capaz de pôr de joelhos até mesmo o mais forte de nós, mas ela pode ser especialmente difícil para a mulher de um pastor. Os membros da nossa congregação esperavam que ela estivesse sempre radiante, que fosse capaz de pegar balas de revólver com os dentes. Mas Denalyn, ainda bem, nunca foi chegada a fingimentos. Em certo sábado, quando a depressão já a sufocava, ela se armou de honestidade e foi para a igreja. "Se me perguntarem como estou indo, vou dizer a verdade." A cada "Como vai?" perguntado, ela respondia: "Não muito bem. Estou deprimida. Será que você pode orar por mim?"

O bate-papo corriqueiro se transformou em longas conversas. Cumprimentos rápidos se tornaram momentos bastante tocantes de um ministério. Quando finalmente deixou os serviços, Denalyn havia conseguido juntar uma dúzia de companheiros para levantar os braços na batalha da oração. Até hoje ela atribui àquela manhã de domingo o começo da cura da sua depressão. Ela encontrou a presença de Deus no meio do povo de Deus.

Foi o que também aconteceu com JJ. As suas feridas ainda são profundas, mas a sua fé é muito mais forte. Sempre que conta a história de como perdeu Cooper, ele diz: "Sabemos como é o fundo do poço, e sabemos quem nos espera lá: Jesus Cristo".

Ele está esperando você, meu amigo. Se a história de José pode servir como precedente, talvez Deus possa usar o Egito para lhe ensinar que ele está ao seu lado. Mesmo que a sua família desapareça. Mesmo que você não tenha mais apoio. Mesmo que os conselhos sequem. Mas Deus nunca sai do mesmo lugar. A promessa ainda está de pé: "Estou com você e cuidarei de você, aonde quer que vá" (Gênesis 28:15).

CAPÍTULO 4

UM ERRO NÃO COMPENSA OUTRO

Um quatro de julho. No feriado, tudo era vermelho, branco e azul. O meu rosto estava vermelho, as nuvens alvas como algodão e o céu azul radiante. A vermelhidão não era por ficar sob o sol, mas pela humilhação. Denalyn tinha avisado: "Max, lembre que o nível d'água do lago está baixo." A régua de nível avisava aos poucos: trinta pés, depois dez, cinco e, por fim, três pés. As boias de segurança flutuavam para cima e para baixo na água. Mas você acha que eu dei ouvido a Denalyn? Acha que prestei atenção aos indicadores de profundidade? Acha que me importei com os indicativos de água rasa?

Quem tinha tempo para aquelas trivialidades? As minhas três filhas adolescentes e as suas amigas contavam com a minha habilidade como marinheiro para desfrutar de um sábado de pura diversão. Eu não tinha a menor intenção de estragar a festa. Coloquei os óculos escuros e um chapéu de abas largas, acionei o manche e lá fomos nós. *Zum!* Cinco minutos depois, *bum!* Consegui enfiar o barco em um banco de areia.

Todo mundo sentiu o solavanco. Eu quase caí. Sete pares de olhos fincaram em mim. Um homem de menor envergadura teria pedido que todos descessem e ajudassem a empurrar o barco de volta para as águas profundas. Mas não eu. Não o Max marinheiro empolgado. Não, senhor. Eu era o capitão, o soberano do lago. Ia desatolar o barco com muita hombridade. Acelerei novamente.

O barco continuou atolado.

"Max", disse Denalyn, dando uma opinião gentil, "você conseguiu." Acabei estragando o leme. Ele estava dobrado como a orelha de um cachorro. Agora não havia escolha. Tivemos de empurrar até o barco voltar a flutuar. Quando dei partida no motor, o barco começou a tremer como um calhambeque de três rodas. A velocidade máxima era de oito quilômetros por hora. Enquanto o barco flutuava devagar pelo lago atraindo os olhares alheios que viam aquelas adolescentes entediadas, eu me perguntei: "Bem, capitão Max, no que você estava pensando?"

Esse era o problema. Eu *não* estava pensando. O meu erro virou um erro ainda maior porque compensei uma decisão errada com uma escolha equivocada e impulsiva. Em um barco, tudo isso é perdoável. Mas e na vida?

José provavelmente estava com vinte e poucos anos quando atolou, entre todos os perigos, no banco de areia da tentação sexual. Quando os irmãos o venderam como escravo, logo pensaram que haviam condenado José a uma vida de trabalho árduo e de uma morte precoce. Em vez disso, José subiu a escada da carreira como um bombeiro atrás de um gato. Potifar, que havia promovido José na sua casa, fez o mesmo no meio do seu círculo de oficiais egípcios. Ele se gabava do toque de midas do menino hebreu brilhante que tinha feito dele um homem rico.[1]

José passou a ter influência. Ele tinha liberdade para gastar e contratar, mandar e receber. Os mercadores se reportavam a ele e muitas outras pessoas o notavam. Acima de tudo, as mulheres o notavam. "José era atraente e de boa aparência" (Gênesis 39:6). Ele era praticamente um astro de Hollywood: queixo quadrado, cabelo ondulado e bíceps que se inflavam toda vez que ele carregava a bandeja da sra. Potifar. Ou seja, o tempo todo. Ela gostava da visão que ele proporcionava. "E, depois de certo tempo, a mulher do seu senhor começou a cobiçá-lo e o convidou: 'Venha, deite-se comigo!'" (Gênesis 39:7).

Assim, a primeira-dama da casa inventou uma armadilha para o escravo hebreu. "Josezinho, que tal um pouco de açúcar no meu café?", seguido de uma piscadela. Ao passar por ele no corredor, ela alisou o braço dele. Quando ele trouxe a sobremesa, ela tocou a perna de José. Pelas roupas que ela usava, ou melhor, que não usava, o recado era claro: "Sou toda sua, José." Ela o cortejava "dia após dia" (Gênesis 39:10). Ele teve várias oportunidades para pensar na proposta; e muitos motivos para aceitá-la.

Ora, aquela mulher não era casada com o seu dono? E ele não era obrigado a obedecer aos desejos dos donos, mesmo que esses desejos incluíssem o sexo escondido? E *de fato* seria escondido. Ninguém iria saber. O que acontece na cama fica na cama, certo?

Além do mais, um namorico com a dona atrevida daria a José uma carta a mais no jogo político, uma aliada de alto nível. Os fins justificavam os meios. E os meios não eram nem um pouco desagradáveis. O poderoso Potifar tinha bom gosto para mulheres. A esposa dele devia ser estonteante. José não perdeu as necessidades viris junto com a túnica colorida. Passar um tempo nos braços de uma amante atraente e desejosa? José bem que podia se aliviar.

Pois ele não merecia esse alívio? Os seus dias no Egito eram muito solitários: rejeitado pela família, comprado e vendido duas vezes como gado, longe de casa, longe dos amigos. E havia também o estresse de cuidar das posses de Potifar. José era responsável por todos os jardins suspensos e por uma multidão de escravos. Precisava também dominar os protocolos peculiares de eventos oficiais. O trabalho dele era extenuante. Ele poderia muito bem ter justificado a escolha pelo alívio.

O mesmo acontece com você. Você foi rejeitado, machucado, vendido e abandonado. Acabou atolado no banco de areia da falta de saúde, de crédito, de sorte. Os amigos são raros e as soluções para os problemas, ainda mais raras. As horas são longas, as noites ainda mais. Então vem a sra. (ou o sr.) Potifar com uma oferta tentadora, jogando a chave do quarto na sua direção.

Ou pode ser um amigo rolando uma garrafa na sua direção. Talvez um colega de trabalho oferecendo drogas. Talvez você possa querer pagar algumas contas com o dinheiro da empresa ou escapar da falência aceitando aqueles juros exorbitantes. As justificativas e as racionalizações começam a brotar como erva daninha depois de uma chuva de verão. "Ninguém ia ficar sabendo. Não vou ser pego. Eu também sou humano."

Será que podemos ser bem francos? Sim, o seu Egito pode ser um lugar nojento. Ninguém está discordando. Mas esse mesmo Egito pode servir de prato cheio para decisões desmioladas. Não piore as coisas fazendo algo de que você irá se arrepender.

O alerta de José já estava soando. Quando a sra. Potifar lançou a isca, "ele se recusou" (Gênesis 39:8). José evitava dar tempo, atenção e conversa àquela tentação, ele se esquivava de dar qualquer esperança a ela. "Ele se recusava a deitar-se com ela e evitava ficar perto dela" (Gênesis 39:10). Quando o número da sra. Potifar aparecia no visor do celular, ele não atendia. Quando ela mandava mensagem, ele não respondia. Quando ela entrava na sala, ele saía. José evitava o veneno que ela era.

"[Potifar] não se preocupa com coisa alguma de sua casa", José deixou claro (Gênesis 39:8). Deitar-se com ela significaria pecar contra o seu dono. Trata-se de uma decisão corajosa. Em uma cultura que usa frases como "consentimento entre adultos" e "direitos sexuais", é comum esquecermos como a imoralidade destrói a vida das pessoas que não estão no mesmo quarto.

Há alguns anos, um amigo me deu o seguinte conselho: "Faça uma lista de todas as vidas que você afetaria com a imoralidade sexual", e eu fiz. De vez em quando, pego a lista e leio. "Denalyn. As minhas três filhas. O meu genro. Os meus futuros netos. Cada uma das pessoas que já leu um dos meus livros ou que já ouviu um dos meus sermões. A minha equipe editorial. A equipe da igreja." Essa lista me faz lembrar de que trocar um único ato de carnalidade pelo legado de toda uma vida é uma péssima troca.

Pais, vocês por acaso quebrariam o braço de um filho intencionalmente? É claro que não. Um ato desses violaria cada fibra de moralidade que há em vocês. Porém, quando alguém comete um ato sexual fora do casamento acaba trazendo uma dor muito maior à vida dos próprios filhos do que a dor de um osso quebrado.

Mães, vocês por acaso forçariam os seus filhos a dormir no quintal em uma noite congelante? Óbvio que não. Contudo, quando alguém se envolve em um caso extraconjugal acaba trazendo maior escuridão e maior frio à vida dos filhos do que mil invernos.

E vocês, homens e mulheres solteiros. Tenho certeza de que vocês jamais desrespeitariam a Bíblia e que jamais zombariam de uma cruz. Não obstante, quando praticam o sexo fora do casamento acabam por ignorar um dos sagrados ensinamentos de Deus: "Acaso não sabem que o corpo de vocês é santuário do Espírito Santo que habita em vocês?" (1Coríntios 6:19).

Todo ato tem consequências. José elevou a sua lealdade sobre toda e qualquer luxúria. Ele honrou o seu mestre...

E também o seu *Mestre*. A maior preocupação de José era com a vontade de Deus. "Como poderia eu, então, cometer algo tão perverso e pecar contra Deus?" (Gênesis 39:9).

A lição que aprendemos com José é surpreendentemente simples: *faça aquilo que agrada a Deus*. Os seus colegas de trabalho querem incluir uma visitinha a uma casa de prostituição na agenda da noite. O que você faz? *Faça aquilo que agrada a Deus*. O rapaz do seu encontro convida você para terminar a noite tomando um drinque no apartamento dele. Como você responde? *Faça aquilo que agrada a Deus*. Os seus amigos passam um cigarro de maconha para você fumar; os colegas de classe ensinam um jeito de colar; a internet oferece toneladas de pornografia para assistir — faça a si mesmo a pergunta: De que modo posso agradar a Deus? "Ofereçam sacrifícios como Deus exige e confiem no Senhor" (Salmos 4:5).

Não se conserta um casamento em crise com um caso extraconjugal, nem um vício em drogas com mais drogas, nem dívidas com mais dívidas. Um erro não compensa o outro. Você não sai de uma confusão arranjando outra. *Faça aquilo que agrada a Deus*. Você jamais vai errar se fizer o que é certo.

Foi o que Thomas descobriu. Ele foi, em vários aspectos, um José dos tempos modernos. Nascido em 1899, filho de um pastor batista e de uma pianista de igreja, Thomas teve contato com a música desde cedo. Aos 12 anos, já conseguia imitar o jazz da comunidade afro-americana do extremo sul dos Estados Unidos. No fim da adolescência, Thomas passou pela Filadélfia e seguiu para Chicago, onde começou a tocar em bares proibidos na época da Lei Seca. Em algum lugar do caminho, ele esqueceu a fé. Thomas acabou se comprometendo com aquele estilo de vida e se desviou das convicções que tinha durante a infância. O talento que tinha abria muitas portas, mas a sua consciência não o deixava descansar. As longas noites na estrada o deixavam exausto e abatido. Então, um parente suplicou que ele voltasse para Deus. Foi o que ele fez, aos 21 anos. Ele teve um encontro com Deus que, mais tarde, o levou a escrever: "O meu ser interior estava emocionado. A minha alma era um dilúvio do êxtase divino; as minhas emoções estavam à flor da pele; o meu coração fora inspirado a se tornar um grande cantor e um grande trabalhador do Reino do Senhor".[2]

O jovem Thomas passou a dedicar a sua energia a criar músicas que honravam a Deus. O *rythm and blues* era combinado com o louvor e a adoração. O resultado foi um gênero novo em folha, de música contagiante para o corpo e para alma. Thomas logo assumiu o cargo de diretor de música em uma igreja de Chicago. Aos 26 anos, ele conheceu o amor da sua vida e se casou. Pouco tempo depois, ele fundou uma editora e a National Convention of Gospel Choirs and Choruses [Convenção Nacional de Coros e Corais Gospel]. Thomas trabalhou com alguns dos maiores cantores da história da música gospel, incluindo Mahalia Jackson. Em 1932, Thomas já desfrutava das bênçãos de Deus na sua plenitude: um casamento feliz, um ministério vicejante e um primogênito a caminho. A vida era boa.

Mas veio o banco de areia. Certa noite, depois de cantar para uma plateia em Saint Louis, Thomas recebeu um telegrama. Nele, lia-se apenas: "A sua esposa acaba de morrer." A mulher morrera durante o parto. Thomas correu de volta para Chicago, onde o filho recém-nascido veio a morrer no dia seguinte. O músico mergulhou em um abismo de dor. Ele evitava as pessoas e a cada dia aumentava a raiva que sentia de Deus. "Eu só queria voltar para o mundo do jazz que eu conhecia como a palma da mão. Eu sentia que Deus havia cometido uma injustiça contra mim. Não queria mais servir a ele, não queria mais escrever músicas de louvor."[3]

Thomas se isolou, alimentando a dor e a tristeza. Mas um amigo parecia saber do que ele precisava e levou Thomas a uma escola de música comunitária. Naquela tarde, enquanto o sol se punha, Thomas sentou-se ao piano e começou a tocar... e a orar. Ele abriu o coração inteiro para Deus, de onde saíram palavras lindas.

> Senhor precioso, toma a minha mão,
> Conduze-me, ajuda-me a ficar em pé!
> Estou cansado, estou fraco,
> Abatido pela tempestade,
> Leva-me da noite para a luz.
> Toma a minha mão, Senhor precioso,
> Leva-me para casa.[4]

Durante o restante da sua vida, Thomas A. Dorsey deu o testemunho de que o Senhor o curou naquela noite, sentado ao piano. Ele seguiu em frente e escreveu mais de três mil canções, tornando-se um dos compositores cristãos mais influentes de todos os tempos.[5] Tudo isso porque ele buscou alcançar Deus.

Tente fazer o mesmo. Os tempos turbulentos vão tentar você a esquecer Deus. Vários atalhos tentarão atrair você. Muitas sereias irão chamar por você. Mas não seja tolo nem ingênuo. Faça aquilo que agrada a Deus. Nem mais nem menos. E, por favor, pense duas vezes antes de pisar no acelerador.

CAPÍTULO 5

AH, ENTÃO É UM TREINAMENTO!

Em 28 de novembro de 1965, o avião de guerra de Howard Rutledge explodiu sob fogo inimigo. Howard conseguiu acionar o paraquedas, mas caiu nas mãos do exército vietnamita e foi jogado imediatamente no "Heartbreak Hotel" (Hotel dos Corações Partidos), uma das prisões em Hanói.

> Quando a porta bateu e a chave girou na fechadura enferrujada, uma sensação de completo abandono tomou conta de mim. Deitei no chão frio de cimento daquela cela de seis por seis metros. O cheiro de excremento humano queimava as minhas narinas. Um rato grande como um gato fugia assustado pela laje rente a mim. Paredes, teto e chão: tudo estava tomado pela sujeira. A pequena abertura na parte de cima da porta era protegida por grades. Eu estava com frio e faminto; o meu corpo todo doía, as juntas estavam inchadas e os músculos distendidos.
>
> [...] É difícil descrever o que o confinamento solitário é capaz de fazer para enervar e derrotar um homem. Você logo cansa de ficar sentado e de ficar em pé, de ficar acordado e de dormir. Não há livros, papéis, lápis; não há revistas nem jornais. As únicas cores que se conseguem ver são um cinza pardo e um marrom sujo. Meses e anos podem passar sem que você veja o nascer do sol, a lua, a grama verde ou uma flor sequer. Você fica trancado, sozinho e em

silêncio no meio de uma cela suja e apertada, respirando um ar bolorento e fétido, sempre tentando manter a sanidade.[1]

Poucos de nós terão de encarar as condições austeras de uma prisão de guerra. No entanto, em maior ou menor grau, todos nós acabamos passando algum tempo atrás das grades.

- Recebi hoje na minha caixa de e-mails um pedido de oração de uma jovem mãe que acaba de ser diagnosticada com lúpus. Aprisionada pela falta de saúde.
- Tomei café ontem com um homem cuja mulher está enfrentando uma depressão. Ele se sente preso (corrente nº 1) e culpado por se sentir preso (corrente nº 2).
- Depois de meio século de casamento, a mulher de um amigo começou a perder a memória. Ele teve de esconder as chaves do carro dela para evitar que ela dirigisse. Ele tem de ficar sempre perto dela para não a deixar cair. Os dois tinham esperanças de envelhecer juntos. Ainda pode ser que aconteça, mas apenas um deles vai saber em que dia da semana estão.

Cada uma dessas pessoas fica se perguntando: "Onde está o Céu nessa história? Por que Deus permite uma prisão dessas? Será que essa dificuldade tem algum propósito?" Tenho certeza de que José fez essas mesmas perguntas.

Se a sra. Potifar não conseguia convencer José a dividir a cama com ela, então ela haveria de conseguir à força. Ela agarrou a túnica dele e ele se desvencilhou, deixando que ela ficasse com a roupa. Ele escolheu o caráter à peça de roupa. Ao ver o escravo correr, ela inventou uma história. Quando Potifar chegou em casa, a mulher já estava com a mentira pronta e com a roupa de José como prova. Potifar acusou José de cometer abuso sexual e o trancou na prisão. "José ficou na prisão, mas o Senhor estava com ele e o tratou com bondade, concedendo-lhe a simpatia do carcereiro" (Gênesis 39:20-21).

Não era uma prisão no sentido como entendemos hoje, mas um aglomerado de aposentos subterrâneos e sem janelas, com o piso úmido, onde serviam comida estragada e água suja. Os guardas o jogaram no calabouço e bateram a porta. José se encostou contra a parede e deixou-se escorregar, até sentar no chão. "Nada fiz para ser jogado neste calabouço" (Gênesis 40:15).

José havia dado tudo de si na casa de Potifar. Ele tinha deixado o patrão rico. Completava todas as tarefas e o seu quarto estava sempre em ordem. Ele conseguira se adaptar à nova cultura. Tinha resistido aos avanços da patroa. E como foi recompensado? Com uma temporada na prisão, sem qualquer esperança de conseguir a condicional. Desde quando o caminho certo leva para a beira do precipício?

Quer a resposta? Desde os eventos ocorridos em Gênesis 3, o capítulo que documenta a entrada do mal no mundo. O desastre veio à Terra na forma de Lúcifer, o anjo caído. E enquanto Satanás "anda ao redor como leão, rugindo" (1Pedro 5:8), também procura trazer o desastre para a vida do povo de Deus. O diabo prende pastores, como Paulo, na prisão. Ele exila pastores, como João, em ilhas remotas. Ele aflige os amigos de Jesus, como Lázaro, com doenças. Mas as estratégias dele sempre ricocheteiam. Paulo, que foi aprisionado, escreveu epístolas. João, o exilado, viu o céu. O cemitério de Lázaro serviu de palco para Cristo realizar um dos seus maiores milagres.

O mal intencional se torna o bem eventual.

Ao ler novamente essa promessa, parece que ela soa como uma fórmula, como um bordão, como se tivesse sido criada para um para-choque de caminhão. Mas não é essa a intenção. Não há nada de trivial na sua cadeira de rodas, na despensa vazia ou no coração machucado. Sei que esses desafios que você enfrenta são muito árduos, não são nada fáceis.

Mas também sei que esses mesmos desafios não são aleatórios. Deus não é soberano *de vez em quando*. Ele não é virtuoso *ocasionalmente*. Ele não ocupa o trono dia sim, dia não. "A ira do Senhor não se afastará até que ele tenha completado os seus propósitos" (Jeremias 30:24). O momento pelo qual você está passando agora pode causar confusão, mas ele não confunde Deus de modo algum. Deus pode e vai usar esse momento para um propósito.

Voltemos ao ponto: José na prisão. Do ponto de vista terreno, a prisão egípcia significava a conclusão trágica da vida de José. Satanás já podia somar essa vitória para o lado negro. Todo e qualquer plano divino para usar José acabou com o bater da porta do calabouço. O diabo tinha José exatamente onde queria.

Mas Deus também.

> Machucaram-lhe os pés com correntes, e com ferros prenderam-lhe o pescoço, até cumprir-se a sua predição, e a palavra do SENHOR *confirmar* o que dissera. (Salmos 105:18-19)[2]

Aquilo que Satanás intencionou para o mal foi usado por Deus para testar. Na Bíblia, um teste é uma provação externa que purifica e prepara o coração. Assim como o fogo refina metais preciosos removendo a escória e as impurezas, a provação faz o mesmo com o coração. Como escreveu o salmista:

> Tu, ó Deus, nos submeteste à prova e nos refinaste como a prata. Fizeste-nos cair numa armadilha e sobre nossas costas puseste fardos. Deixaste que os inimigos cavalgassem sobre a nossa cabeça; passamos pelo fogo e pela água, mas a um lugar de fartura nos trouxeste. (Salmos 66:10-12)

Deus nos testa todos os dias, seja por meio de outras pessoas, de dores ou de problemas. Pare e pense nas circunstâncias da sua vida. Você consegue identificar esses testes? Talvez um congestionamento? O clima ruim? As juntas doloridas?

Se você encarar esses problemas apenas como feridas e incômodos, vai ficar cada vez mais irritado e amargo. Porém, se enxergar esses mesmos problemas como provações que Deus usa para a glória dele e para a sua maturidade, então até mesmo o menor dos incidentes acaba ganhando relevância.

Há alguns dias, uma tarde de sábado se transformou em um duro teste para mim. Eu e Denalyn acabamos discutindo. Tínhamos combinado de vender a nossa casa, mas não conseguíamos chegar a um acordo com relação à imobiliária. Eu tinha a minha opinião e ela tinha a dela. Conversamos muitas vezes, sem que um conseguisse convencer o outro. O que deveria ser um dia agradável se tornou um dia bem azedo. Ela foi para o seu canto e eu fui para o meu.

Na nossa igreja, os sábados são reservados para os cultos de louvor. Quando chegou a hora de eu ir para a igreja e trabalhar, dei um tchau bem atravessado para Denalyn e saí porta afora para fazer a obra de Deus. "Vamos resolver isso depois", acrescentei.

Mas Deus queria que eu resolvesse a questão na hora. A distância entre a minha casa e a igreja é de apenas cinco minutos de carro. Mas essa distância era o suficiente para Deus atormentar a minha consciência com a verdade. "Você não deveria ficar em paz com a sua esposa antes de pregar na minha igreja?"

Era um teste. Que caminho eu tomaria, o do aborrecimento ou o do perdão? Iria ignorar a tensão criada ou lidar com ela? Não posso afirmar que sempre passo nesses testes, mas, naquele dia, sei que passei com méritos. Antes de começar o culto, liguei para Denalyn e pedi desculpas pela minha teimosia, além de pedir que ela me perdoasse. Na noite daquele mesmo sábado, acabamos chegando a um consenso a respeito da imobiliária, oramos juntos e resolvemos o problema.

Diariamente, encaramos testes simples. Alguns momentos na vida, no entanto, são como provas finais. São como poços cruéis e repentinos de estresse, de doenças e de tristezas. Do mesmo modo que José, fizemos o melhor possível. Assim como aconteceu com José, esse esforço é recompensado com um encarceramento. Mas qual é o propósito da provação? Por que Deus não evitou que José fosse parar na prisão? Será que esta é a resposta? "Pois vocês sabem que a prova da sua fé produz perseverança. E a perseverança deve ter ação completa, a fim de que vocês sejam maduros e íntegros, sem lhes faltar coisa alguma" (Tiago 1:3-4).

Na infância, José era muito dado à ternura. Jacó fazia todas as vontades do filho e o mimava. José falava sobre os seus sonhos e sobre as grandes ambições que tinha — talvez até um pouco cheio de si. Mesmo na casa de Potifar, José era o queridinho do pedaço. Fora promovido rapidamente, todos o notavam. O sucesso veio fácil e, talvez, o orgulho dele também. Fosse esse o caso, uma temporada na prisão serviria para purificar esse sentimento. Deus conhecia o caminho que José haveria de seguir e, por isso, usou esse tempo na prisão para fortalecer o seu servo.

"Por isso o carcereiro encarregou José de todos os que estavam na prisão, e ele se tornou responsável por tudo o que lá sucedia" (Gênesis 39:22). Que curso intensivo de liderança! Com Potifar, José tinha de tomar conta de servos dispostos a servir o seu mestre. Na prisão, contudo, José ficou encarregado de cuidar de homens insubordinados, desrespeitosos e ingratos. José bem poderia ter se recolhido em um canto e resmungado: "Já aprendi a minha lição. Não vou mais administrar nada, para ninguém." Mas ele não reclamou, ele não criticou. José tinha sempre um espírito voluntário para com os prisioneiros.

Ele costumava ser especialmente gentil com um copeiro e um padeiro. Os dois, funcionários do faraó, estavam sob os cuidados de José. Certo dia, José notou que os dois traziam o semblante carregado. Ele poderia ter exigido que estampassem um sorriso no rosto. Afinal, que importância tinha a tristeza dos dois? Quem se importava se estavam tristes ou preocupados? Não obstante, José se preocupou com eles. Na verdade, as primeiras palavras de que temos registro da passagem de José na prisão foram bem gentis: "Por que hoje vocês estão com o semblante triste?" (Gênesis 40:7). Abandonado pelos irmãos, vendido como escravo, injustamente aprisionado: José seguia sendo gentil com os outros. Pois a compaixão não cai bem para aquele que logo se tornaria o diretor de um programa mundial de alívio da fome?

Mas Deus não havia terminado. Tanto o padeiro quanto o copeiro estavam incomodados com os seus sonhos. O copeiro sonhou com uma vinha em que três ramos carregavam uvas. Ele espremeu as uvas no copo do faraó e ofereceu-o ao rei. O padeiro sonhou com pães. Três cestas iam sobre a sua cabeça quando alguns pássaros comeram os pães da cesta que ia mais acima. Os dois serviçais procuraram José em busca de conselhos, e José recebeu uma interpretação diretamente de Deus. Será que ele deveria compartilhar? Da última vez em que falara sobre sonhos, José acabou sendo jogado em uma cisterna abandonada. Além disso, apenas a metade das revelações era de boas notícias. Será que podiam confiar em José como portador das notícias de Deus? Se fosse chamado diante do faraó, será que José iria transmitir com precisão a palavra de Deus? Pois esse era mais um teste. E José passou. Ele deu a boa notícia ao copeiro ("Você vai sair da prisão em três dias") e a má notícia ao padeiro ("Você morrerá em três dias"). Um receberia uma nova chance; o outro, uma corda ao redor do pescoço.

Testes, testes, testes. O calabouço parecia uma prisão, cheirava como uma prisão, se assemelhava a uma prisão, mas, se você perguntasse aos anjos do Céu sobre onde José estava, eles responderiam: "Ah, ele está em treinamento."

Esse capítulo da sua vida parece uma clínica de reabilitação, cheira a desemprego ou se assemelha a um hospital, mas pergunte aos anjos. "Ah, ele está em treinamento."

Deus não se esqueceu de você. Ao contrário. Ele escolheu treinar você. O termo em hebraico para *teste* vem de uma palavra que significa "olhar profundamente para, analisar, escolher".[3] Apague a ideia de que Deus não está vendo a sua dificuldade. Ao contrário, Deus está plenamente ciente. Ele conhece as necessidades do amanhã e, agindo de acordo, usa as circunstâncias da sua vida para realizar os testes pelos quais você passa hoje.

E você diria que ele não tem essa autoridade? Ele é o oleiro; nós somos o barro. Ele é o pastor; nós somos o rebanho. Ele é o agricultor; nós somos a vinha. Ele é o professor; nós somos os alunos. Confie no treinamento dele. Você vai sair dessa. Se Deus consegue transformar um prisioneiro em príncipe, não acha que ele consegue também produzir o bem a partir da sua dificuldade?

Lembre-se de que todos os testes são temporários. Todos eles têm duração limitada. "Vocês exultam, ainda que agora, *por um pouco de tempo*, devam ser entristecidos por todo tipo de provação" (1Pedro 1:6).[4] Um teste nunca dura para sempre já que essa vida não dura para sempre. "Nós nascemos ontem [...]. Nossos dias na terra não passam de uma sombra" (Jó 8:9). Alguns testes terminam na terra, mas todos os testes cessam com o Céu.

Enquanto isso, siga o exemplo de José. Permita que Deus treine você. Ele está observando como você lida com os pequenos trabalhos. Se você for fiel no pouco, ele o colocará sobre o muito (Mateus 25:21). José obteve sucesso na cozinha e na prisão antes de conseguir ser bem-sucedido na corte. Ele se preocupou com o copeiro e com o padeiro antes de se preocupar com nações inteiras. A recompensa de um bom trabalho é um trabalho ainda maior. Você tem grandes aspirações? Então faça o melhor que puder nas pequenas coisas. Cumpra horários. Termine o seu trabalho antes do prazo. Não reclame. Deixe as reclamações no canto da prisão para os outros. Não faça isso. Você sabe como Deus molda os seus servos. O prisioneiro de hoje pode ser o primeiro-ministro de amanhã. Quando você receber uma tarefa, certifique-se de cumpri-la.

Quando vir alguém machucado, fale com essa pessoa. E se José tivesse ignorado a tristeza estampada no rosto dos serviçais do faraó? E se ele tivesse se concentrado na sua própria necessidade e ignorado a dos outros? Será que Deus o teria libertado da prisão? Não sabemos. Mas uma coisa é certa: a bondade de José abriu a porta da prisão, pois o copeiro apresentou José ao faraó. A compaixão importa muito para

Deus. Esse é o momento de servir, não de pensar em si mesmo. Cancele o festival da lamentação. Ame as pessoas que Deus leva até você.

Compartilhe a mensagem que Deus lhe concede. Esse seu teste irá se transformar em testemunho. "[Deus] nos consola em todas as nossas tribulações, para que, com a consolação que recebemos de Deus, possamos consolar os que estão passando por tribulações" (2Coríntios 1:4).

Você não se inscreveu para esse curso intensivo de mãe solteira, nem para o de cuidar de um marido portador de necessidades especiais, se inscreveu? Não, foi Deus quem inscreveu você. Ele tomou o mal-intencionado e teceu-o novamente para formar o seu currículo divino. Por quê? Para que você pudesse ensinar ao próximo o que ele ensina a você. A sua dificuldade pode se tornar a sua mensagem.

Eu gosto muito da conversa que Bob Benson conta no livro *See You at the House*. Um amigo dele sofreu um ataque cardíaco. Apesar de inicialmente não ter certeza de que iria sobreviver, ele se recuperou. Alguns meses depois da cirurgia, Bob perguntou:

— E aí, o que achou do seu ataque cardíaco?
— Quase morri de susto...
— Você gostaria de passar por isso de novo?
— Não!
— Você recomendaria a alguém sofrer um ataque cardíaco?
— Definitivamente, não.
— A sua vida significa mais para você hoje do que antes?
— Bem, sim...
— Você e Nell sempre tiveram um belo casamento, mas vocês se sentem mais próximos agora?
— Sim.
— E quanto à sua nova netinha?
— Também. Já te mostrei a foto dela?
— Você considera que tem uma nova compaixão para com o próximo, maior compreensão e simpatia?

— Sim.

— Você conhece o Senhor com maior profundidade, sente mais proximidade do que jamais achou ser possível?

— Sim.

— ...então, o que achou do seu ataque cardíaco?[5]

Em vez de perguntar: "Deus, por quê?", pergunte: "Deus, o quê?" *O que* posso aprender com essa experiência? "Pensem hoje na grandeza de Deus e naquilo que aprenderam a respeito do seu poder e da sua força" (Deuteronômio 11:2, NTLH). Em vez de pedir que Deus mude as circunstâncias da sua vida, peça que ele as use para mudar você. A vida é um curso necessário. Você pode muito bem fazer o seu melhor para ser aprovado.

Deus está trabalhando com cada um de nós, quer tenhamos consciência, quer não; quer desejemos, quer não. "Porque não é do seu agrado trazer aflição e tristeza aos filhos dos homens" (Lamentações 3:33). Ele não se diverte com o sofrimento humano, mas muito se delicia com nosso desenvolvimento. "Estou convencido de que aquele que começou boa obra em vocês vai completá-la até o dia de Cristo Jesus" (Filipenses 1:6). Ele não vai falhar. Ele não consegue falhar. Ele irá operar "em nós o que lhe é agradável" (Hebreus 13:21). Cada desafio, pequeno ou grande, pode preparar você para uma oportunidade futura.

Howard Rutledge, mais tarde, passou a apreciar o tempo em que ficou na prisão de guerra no Vietnã. Ele escreveu:

> Durante o longo período de reflexão forçada, separar o que era importante do que era trivial e o que valia a pena do que era descartável ficou muito mais fácil. [...]
>
> [...] A minha fome por alimento espiritual logo superou a fome que tinha por um bife [...]. Eu queria saber sobre a parte de mim que jamais morreria [...]. Eu queria conversar sobre Deus, sobre Cristo, sobre a igreja [...]. Eu precisei passar pela prisão para aprender como a vida sem Deus é vazia [...].

Em 31 de agosto, depois de 28 dias de tortura, eu conseguia me lembrar de que tinha filhos, mas não quantos. Comecei a repetir o nome de Phyllis sem parar para não esquecer. Orei pedindo forças. Foi naquela 28ª noite que fiz uma promessa para Deus: se sobrevivesse àquela provação, eu levaria Phyllis e o restante da minha família à igreja no primeiro domingo em que estivesse de volta à liberdade, e [...] confessaria a minha fé em Cristo, aceitando fazer parte da comunidade. Não foi uma negociação com Deus apenas para sobreviver àquela última e miserável noite. Foi uma promessa que fiz depois de meses de reflexão. Precisei passar por essa prisão e por horas de reflexões dolorosas para perceber o quanto eu necessitava de Deus e da comunidade de fiéis. Depois de fazer aquela promessa, tornei a orar pedindo forças para sobreviver à escuridão da noite.

Quando a manhã raiou pela fresta da parte de baixo da pesada porta da minha cela, agradeci a Deus pela sua misericórdia.[6]

Não encare a sua dificuldade como uma interrupção à vida, mas como uma preparação. Ninguém disse que o caminho seria fácil ou sem dor. Mas Deus vai usar essa bagunça toda para fazer o bem. "Essa provação que vocês estão enfrentando não é um castigo; é um *treinamento*, a experiência normal dos filhos [...]. Deus está fazendo o que é *melhor* para nós. Está nos treinando para que possamos viver de acordo com seu santo propósito" (Hebreus 12:8-10, MSG).

CAPÍTULO 6

ESPERE ENQUANTO DEUS TRABALHA

Aqui estou na sala de espera. A recepcionista pegou o meu nome, os dados do meu plano de saúde e me indicou uma cadeira. "Sente-se, por favor. Vamos chamar quando o doutor estiver pronto." Resolvo olhar em volta. Um bebê dorme no colo da mãe. Um rapaz de terno folheia uma revista. Uma mulher com um jornal olha para o relógio, suspira e continua a fazer o que tem de ser feito: esperar.

A sala é de espera. Não é a sala de exames. Essa fica no fim do corredor. Não é a sala de consulta. Essa fica do outro lado. Não é a sala de tratamento. Exames, consultas e tratamento: tudo isso vem depois.

O que temos de fazer é o que dá nome a esta sala: a sala de espera. Nós, na sala de espera, entendemos bem o que precisamos fazer: esperar. Ninguém trata o outro. Eu não peço para a enfermeira me emprestar um estetoscópio, nem um medidor de pressão. Não pego uma cadeira e sento ao lado da mulher com o jornal, perguntando: "Me diga que remédios você está tomando?" Esse trabalho cabe à enfermeira. A minha obrigação é esperar. É o que faço.

Não posso afirmar que gosto. O tempo se move como uma geleira do Alasca. O ponteiro do relógio se mexe a cada cinco minutos, não a cada segundo. É como se alguém tivesse apertado o botão de pausa. A vida em câmera lenta. Não gostamos de esperar. Somos a geração dos apressados. Costuramos os carros no trânsito, sempre em busca da faixa mais rápida. Olhamos torto para a pessoa que leva 11 objetos para passar no caixa rápido de até dez volumes do supermercado. Tamborilamos com os dedos esperando o download da música terminar ou o micro-ondas esquentar o café. "Vamos, vamos." Queremos ter o abdome definido em dez minutos e que o arroz de minuto fique pronto em trinta segundos. Não gostamos de esperar. Nem o médico, nem o trânsito, nem a pizza.

Também não gostamos de esperar por Deus?

Pare por um instante e olhe ao redor. Você consegue perceber onde estamos? Este planeta inteiro é a sala de espera de Deus.

Vê aquele jovem casal ali no canto? Estão esperando para engravidar. Vê o rapaz com aquela pasta? Espalhou o seu currículo pelo país todo, esperando ser contratado. E aquela senhora com uma bengala? É viúva. Está há mais de um ano à espera de um dia sem choro. Esperando. Esperando que Deus dê, cure, ajude. Esperando a vinda de Deus. Habitamos a terra que fica entre a oração feita e a oração atendida. A terra da espera.

Se alguém conhece bem os móveis da sala de espera de Deus, esse alguém é José. Um dos problemas que encontramos ao ler a história dele é a brevidade. É possível ler o relato contido em Gênesis do começo ao fim em menos de uma hora, o que dá a impressão de que todos esses desafios aconteceram antes do café da manhã de um único dia. Seria mais sábio se pudéssemos espaçar a leitura dessa história ao longo de algumas décadas.

Leve o capítulo 37 para o fundo de uma cisterna abandonada, fique por lá durante algumas horas enquanto o sol se põe. Recite o primeiro versículo do capítulo 39 sem parar durante alguns meses: "José havia sido levado para o Egito". Esse foi mais ou menos o tempo que José precisou para caminhar os 1.200 quilômetros que separam Dotã de Tebas.

Depois, veio o dia, ou os dias, ou as semanas, em que José permaneceu no leilão de escravos. Acrescente ainda uma provável década de serviços na casa de Potifar, supervisionando os empregados, cumprindo as ordens do seu senhor, aprendendo a língua egípcia. Tique-taque. Tique-taque. Tique-taque. O tempo passa devagar em um lugar estranho.

No entanto, em uma prisão, o tempo fica completamente parado.

José pediu que o copeiro falasse bem dele. "Quando tudo estiver indo bem com você, lembre-se de mim e seja bondoso comigo; fale de mim ao faraó e tire-me desta prisão, [...] nada fiz para ser jogado neste calabouço" (Gênesis 40:14-15).

É quase possível ouvir o copeiro responder: "É claro, vou falar sobre você com o faraó, na primeira oportunidade que tiver. Pode esperar notícias minhas." José deve ter corrido de volta para a cela e reunido os seus pertences. Ele queria estar pronto quando o chamado viesse. Um dia se passou. Depois passaram dois. Uma semana... Um mês. Seis meses. Nada. Na verdade, "o chefe dos copeiros, porém, não se lembrou de José; ao contrário, esqueceu-se dele" (Gênesis 40:23).

Na página da sua Bíblia, o espaço sem tinta entre esse versículo e o próximo não é maior que um grampo de cabelo. Os seus olhos só precisam de meio segundo para ver o próximo versículo. No entanto, para José, essa foi uma experiência que durou dois anos. O capítulo 41 começa assim: "Passaram-se mais dois anos, e o faraó teve um sonho" (Gênesis 41:1, MSG).

Dois anos! Vinte e quatro meses de silêncio. Cento e quatro semanas de espera. Setecentos e trinta dias de pensamentos. Duas mil cento e noventa refeições sozinho. Dezessete mil, quinhentas e vinte horas esperando ouvir Deus, mas conseguindo escutar apenas o silêncio.

É tempo suficiente para ficar amargo, cético, furioso. Muita gente já desistiu de Deus por motivos mais fúteis e em menor tempo.

Mas não José. Em um dia que começou como todos os outros, ele ouviu uma agitação na entrada do calabouço. Vozes estridentes e impacientes exigiam: "Estamos aqui pelo hebreu! O faraó quer o hebreu!" Do seu canto, José ergueu os olhos e viu o chefe dos carcereiros pálido, gaguejando: "Levante! Vamos, levante!" Dois guardas da corte vinham bem atrás dele. José se lembrou dos guardas dos tempos em que servia a Potifar. Eles então o agarraram pelos cotovelos e o fizeram marchar para fora daquele buraco. Assim que viu a luz do sol brilhando, José cerrou os olhos. O trio passou por um pátio e seguiu até uma sala. Um bando de ajudantes se amontoou em volta de José, removendo a roupa suja, lavando o seu corpo e fazendo-lhe a barba. Depois, vestiram-no com uma túnica branca e com um novo par de sandálias. Os guardas voltaram e acompanharam José até a sala do trono.

E foi então que José e o faraó trocaram olhares pela primeira vez.

O rei não havia dormido bem na noite anterior. Um sonho perturbava o seu descanso. Ele tinha ouvido falar das habilidades de José. "Dizem que você tem o poder de interpretar sonhos. Os meus conselheiros estão mudos como pedras. Você pode me ajudar?"

Os últimos dois encontros de José não terminaram bem. A sra. Potifar acabou mentindo e acusando José. O copeiro se esqueceu totalmente dele. Nos dois casos, José havia mencionado o nome de Deus. Talvez agora ele devesse minimizar os riscos e guardar a sua fé para si mesmo.

Mas não foi o que ele fez. "Eu não, mas Deus. Ele vai acalmar o coração do faraó" (Gênesis 41:16, MSG).

José saiu da cela da prisão gloriando-se em Deus. O período no cárcere não acabou com a sua fé; ao contrário, só a aprofundou.

E quanto a você? Você não está na prisão, mas talvez seja *infértil*, *incapacitado*, talvez esteja *"no limbo"*, *procurando* emprego, *em busca* de saúde, de uma casa ou de uma esposa. Será que você está na sala de espera de Deus? Se estiver, eis o que precisa saber: *enquanto você espera, Deus trabalha*.

"Meu Pai continua trabalhando até hoje", disse Jesus (João 5:17). Deus nunca fica sem fazer nada. Ele nunca para. Ele não tira férias. Ele descansou no sétimo dia da Criação, mas voltou no oitavo e não parou desde então. Só porque você está parado, não pense que Deus também está.

A história de José parece ter uma pausa no capítulo 40. O nosso herói estava preso a correntes. O trem havia descarrilado. A história estava suspensa. Mas enquanto José esperava, Deus trabalhava. Ele movimentou os personagens. Deus colocou o copeiro sob os cuidados de

José. Ele atormentou o sono do rei com sonhos misteriosos. Ele confundiu os conselheiros do faraó e, no tempo certo, Deus chamou José para cumprir o seu dever.

Ele também está trabalhando por você. "Aquietai-vos, e sabei que eu sou Deus",[1] diz o quadro na parede da sala de espera de Deus. Você pode se alegrar, porque Deus é bom. Pode se aquietar, porque ele está trabalhando. Pode descansar, pois ele está ocupado.

Você se lembra das palavras que Deus disse por intermédio de Moisés para os israelitas? "Não tenham medo. Fiquem firmes e vejam o livramento que o Senhor lhes trará [...]. O Senhor lutará por vocês; tão somente acalmem-se" (Êxodo 14:13-14). Os israelitas olharam para o mar Vermelho à frente e ouviram os soldados egípcios no seu encalço. A morte vinha dos dois lados. "Ficar firme? Você está brincando?" Mas o que os escravos recém-libertados não enxergavam era a mão de Deus no fundo do mar, abrindo caminho, e o sopro divino separando as águas. Deus estava trabalhando por eles.

Deus trabalhou por Maria, a mãe de Jesus. Um anjo contou que ela ficaria grávida. Aquele anúncio despejou uma torrente de perguntas no coração da jovem. Como ela iria engravidar? O que as pessoas iriam pensar? O que José iria dizer? Não obstante, Deus estava trabalhando por ela. Ele avisou José, o noivo. Deus fez César anunciar um recenseamento. Deus levou aquela família para Belém. "Deus age em todas as coisas para o bem daqueles que o amam" (Romanos 8:28).

Esperar, biblicamente falando, não significa presumir o pior, preocupar-se, irritar-se, fazer exigências nem tomar o controle. Assim como esperar também não equivale à inatividade. A espera é um esforço sustentado em se concentrar em Deus por meio da fé e da oração. Esperar é dizer: "Descanse no Senhor e aguarde por ele com paciência; não se aborreça" (Salmos 37:7).

Neemias mostra bem como fazer isso. O livro de Neemias é um registro dos seus esforços para reconstruir as muralhas de Jerusalém. Sua história começa com uma data: "No mês de quisleu, no vigésimo ano, enquanto eu estava na cidade de Susã, Hanani [...] veio de Judá com alguns outros homens" (Neemias 1:1-2). As visitas trouxeram más notícias. Forças hostis haviam reduzido a muralha a pó, a mesma muralha que protegia a cidade. Até os portões haviam sido queimados. Os poucos judeus sobreviventes sentiam "grande sofrimento e humilhação" (Neemias 1:3).

Neemias respondeu com uma oração. "Senhor, que os teus ouvidos estejam atentos à oração deste teu servo [...]. Faze que hoje este teu servo seja bem-sucedido, concedendo-lhe a benevolência deste homem" (Neemias 1:11).

"Este homem" era o rei Artaxerxes, o monarca da Pérsia. Neemias era o copeiro pessoal do rei e vivia em serviço 24 horas por dia, sete dias por semana. Neemias não podia deixar o seu posto e visitar Jerusalém. Mesmo que pudesse, não tinha recursos para reconstruir as muralhas. Assim, resolveu esperar pelo Senhor em oração.

O primeiro versículo do segundo capítulo revela a duração da espera de Neemias. "No mês de nisã", Neemias conseguiu uma vaga na comitiva do rei que seguia para Jerusalém. Quanto tempo se passou entre as datas? Quatro meses. O pedido de Neemias, lembre-se, fora imediato: "Faze que hoje este teu servo seja bem-sucedido" (Neemias 1:11). Deus respondeu ao pedido quatro meses (!) depois de Neemias tê-lo feito.

Mas, quando se pensa em esperar, é mais fácil falar do que fazer. Pelo menos não é algo fácil para mim. Durante toda a minha vida, eu tive pressa. Correndo para a escola, correndo para terminar a lição de casa. Pedalando rápido, dirigindo mais rápido ainda. Eu costumava usar o mostrador do meu relógio na parte interna do braço para não precisar perder o milissegundo necessário para virar o braço. Que loucura! Fico imaginando se teria conseguido obedecer ao antigo mandamento de guardar os sábados, se conseguiria frear a vida até me arrastar por 24 horas. O *Sabbath* foi criado para almas frenéticas como a minha, pessoas que precisam de um lembrete semanal: o mundo não vai parar se você descansar!

Quanto a este mandamento: "Três vezes por ano todos os homens do seu povo comparecerão diante do Soberano SENHOR, o Deus de Israel. Expulsarei nações de diante de você e ampliarei o seu território. Quando você subir três vezes por ano para apresentar-se ao Senhor, o seu Deus, ninguém cobiçará a sua terra" (Êxodo 34:23-24)? Deus instruiu os fundadores da terra prometida a pararem tudo em que trabalhavam, durante três vezes no ano, para se juntar em um culto. Todo o comércio, a educação, o governo e a indústria teriam de ser suspensos enquanto o povo se reunia. Você consegue imaginar isso acontecendo hoje em dia? Nosso país ficaria absolutamente desprotegido.

Não obstante, Deus prometeu proteger o território deles. Ninguém haveria de avançar sobre os israelitas. Ele foi além: ninguém nem teria esse desejo. "Ninguém cobiçará a sua terra." Deus usou a peregrinação para ensinar o seguinte princípio: se você esperar em louvor, vou trabalhar por você.

Foi o que fez Daniel. Em um dos casos mais dramáticos de espera da Bíblia, esse profeta do Antigo Testamento fixou o pensamento em Deus por um longo período. O seu povo vinha sendo oprimido por quase setenta anos. Daniel então encarou um período de oração em nome de todos. Durante 21 dias, ele se absteve de comida agradável, da carne e do vinho. Ele trabalhou em oração. Daniel persistiu, suplicou e agonizou.

Não houve resposta.

Então, no 22º dia, uma surpresa. Um anjo de Deus apareceu. O anjo então revelou a Daniel o motivo da longa espera. A oração dele fora ouvida já no primeiro dia. O anjo foi despachado dos céus com uma resposta. "Desde o primeiro dia em que você decidiu buscar entendimento e humilhar-se diante do seu Deus, suas palavras foram ouvidas, e eu vim em resposta a elas. Mas o príncipe do reino da Pérsia me resistiu 21 dias. Então Miguel, um dos príncipes supremos, veio em minha ajuda, pois eu fui impedido de prosseguir ali com os reis da Pérsia" (Daniel 10:12-13).

De uma perspectiva terrena, nada estava acontecendo. As orações de Daniel caíam como pedras em um solo endurecido. Mas da perspectiva celestial, havia uma batalha extrema nos céus. Dois anjos travaram um combate violento durante três semanas. Enquanto Daniel esperava, Deus trabalhava.

E se Daniel tivesse desistido? Se tivesse perdido a fé? Se tivesse se afastado de Deus?

É melhor perguntar: e se você desistir? E se você perder a fé? Se você se afastar de Deus?

Não faça isso. Em nome dos céus, não faça isso. O Céu inteiro está guerreando a seu favor. Sobre você e ao seu redor, nesse exato momento, os mensageiros de Deus estão trabalhando.

Continue esperando.

> Aqueles que esperam no SENHOR renovam as suas forças. Voam bem alto como águias; correm e não ficam exaustos, andam e não se cansam. (Isaías 40:31)

Forças renovadas, um novo vigor. Pernas que nunca cansam. Alegre-se em Deus e ele irá trazer descanso à sua alma.

Você vai conseguir passar por essa sala de espera muito bem. Preste bastante atenção e você conseguirá perceber a mais maravilhosa das surpresas. O médico irá sair da própria sala e se sentará ao seu lado. "Achei que você iria gostar da minha companhia enquanto você espera." Nem todo médico fará isso, mas o seu fará. Afinal, ele é o Médico dos Médicos.

CAPÍTULO 7

MAIS PERSISTENTE QUE O BOZO

Não me peçam para recordar os detalhes exatos desta lembrança de infância. Não lembro o nome do aniversariante. Também não lembro quantos anos eu tinha, apesar de acreditar que, considerando o bairro onde morávamos, eu devia ter em torno de oito anos. Não me lembro das brincadeiras nem do nome dos outros convidados. Mas me lembro bem do joão-bobo em forma de palhaço.

O brinquedo tinha formato de pera, mais estreito no topo do que na base. Era inflável e se parecia com o Bozo. Era da mesma altura que eu. O seu rosto era todo pintado, sem orelhas nem nariz que sobressaíssem. Até os braços eram pintados. Ele não tocava música ao apertar de um botão nem dizia frases ao puxar uma corda. Ele não fazia nada além de ficar em pé.

Bastava bater nele, que ele logo voltava a ficar em pé. Podíamos usar um taco, acertar bem no nariz ou dar um chute de lado que ele caía — mas não por muito tempo.

Tentamos o máximo que conseguimos deixar o palhaço no chão. Soco após soco, um mais forte que o outro. Ninguém conseguiu. Bozo era mais duro na queda que o time de beisebol do New York Mets de 1969. Ele não era forte; só cheio de ar. Ele não conseguia desviar nem se defender. Não enfeitiçava com a sua boa aparência nem evitava os ataques com uma inteligência silenciosa. Ele era apenas um palhaço, pelo amor de Deus! Tinha os lábios vermelhos e o cabelo amarelo. No entanto, havia algo nele, ou dentro dele, que sempre fazia com que ele ficasse em pé.

Muito poderíamos aprender ao estudar o segredo desse palhaço. A vida nos atinge com uma fúria de punhos voadores — um gancho de direita chamado rejeição, um cruzado chamado perda. Os inimigos batem abaixo da linha da cintura. As calamidades nos fazem ver estrelas. A vida é uma pancadaria.

Algumas pessoas são nocauteadas e não conseguem mais se levantar, ficando caídas no chão — abatidas, amargas, alquebradas. Só esperando a contagem. Outras pessoas, no entanto, são mais teimosas que o Bozo.

José era assim. Esse cara era uma *piñata* ambulante. Pense na inveja enraivecida dos irmãos que o venderam como escravo, no golpe que pegou abaixo da cintura desfechado pela mulher de Potifar e que o levou para a prisão, na promessa quebrada do copeiro, que fez com que José continuasse preso. Depois de todos esses golpes, José se recuperou. (Aqui, cabe uma deixa para a música-tema de *Rocky, um lutador*.) Com a força de Deus, José voltou a ficar em pé e acabou, mais forte do que nunca, na corte do faraó.

O faraó era o governante inigualável daquela terra. Ele era o seu próprio gabinete e o seu próprio congresso. Bastava ele falar para que tudo fosse feito. As suas ordens eram leis. Ele entrava em uma sala e todos o adoravam. Não obstante, nesse dia em particular, o faraó não se sentia digno de adoração.

Vamos imaginar o estereótipo do faraó: peito descoberto e mandíbula cerrada, barriga um pouco caída, mas um tanto sólida para um monarca de meia-idade. Ele trajava um pano sobre os ombros e trazia um cone de couro adornado com uma cobra ereta na cabeça. Completavam o seu rosto uma barba falsa e uma maquiagem nos olhos amendoados. Uma das mãos segurava um cajado e a outra apoiava o queixo. Ao seu redor, escravos com abanadores refrescando o ar. Uma tigela com figos e castanhas ao alcance da mão repousava em uma mesa ao lado. Mas ele não tinha fome. Tudo o que fazia era enfastiar-se. Os cortesãos falavam em voz baixa e ansiosa. Quando o faraó não está feliz, ninguém está feliz.

Os sonhos o levaram a passar metade da noite acordado. No primeiro, algumas vacas pastavam às margens de um rio. Eram sete vacas belas e gordas, candidatas perfeitas a qualquer comercial de hambúrgueres. Contudo, quando as vacas saudáveis não estavam olhando, sete vacas esqueléticas surgiram de repente e as devoraram. O faraó acordou e sentou-se na cama, empoçado de suor.

Depois de alguns minutos conseguiu afastar os pensamentos do sonho e voltou a dormir. Mas o segundo sonho foi tão incômodo quanto o primeiro. Um pé de trigo com sete espigas saudáveis fora consumido por um pé de trigo com sete espigas ressequidas. Dois sonhos com o mesmo padrão: os sete bons devorados pelos sete ruins.

O faraó acordou perplexo e confuso. Ele reuniu o conselho e pediu que interpretassem os sonhos. Vacas comendo vacas, trigo consumindo trigo. Será que os sonhos tinham significado? Os conselheiros do faraó não tinham resposta, não faziam a menor ideia. Então o copeiro se lembrou de José e dos tempos que passaram juntos na prisão e contou para o faraó sobre o talento do hebreu em interpretar sonhos. O rei estalou os dedos e uma série de acontecimentos se seguiu. José foi limpo e levado ao faraó. Em um momento de grande tensão, o filho favorito de Jacó era escoltado para a sala do trono do rei do Egito.

Ah, quanto contraste. Faraó, o rei. José, o ex-pastor. Faraó, urbano. José, rural. O faraó do palácio. O José da prisão. O faraó usava correntes de ouro. José carregava as marcas das correntes da prisão. O faraó tinha um exército e as pirâmides. José tinha apenas uma túnica emprestada e o seu sotaque.

A tranquilidade do prisioneiro, porém, era inabalável. Ele ouviu o sonho e se pôs logo a trabalhar. Não foi preciso consultar mentores nem fazer uso de folhas de chá. Era tudo muito simples, como uma conta de multiplicação para um matemático de Harvard. "Espere sete anos de abundância e sete anos de fome." Ninguém, nem o faraó, sabia como responder. *Fome* era uma palavra temida no vocabulário egípcio. Aquela terra não sobrevivia de fabricar carros nem de exportar camisetas. Toda a civilização egípcia fora erguida sobre as plantações. As colheitas renderam ao Egito o apelido de "Joia do Nilo". A agricultura tornara o faraó o homem mais poderoso do mundo. Um período de um mês de seca seria o bastante para afetar a economia. Um ano de fome enfraqueceria demais o trono do faraó, dono das terras à beira do Nilo. Sete anos de fome transformariam o Nilo em um riacho e as plantações se reduziriam a pó. A fome estava para o faraó como os carros elétricos para os xeiques do petróleo. Um verdadeiro apocalipse!

O silêncio na sala do trono ficara tão denso que era possível ouvir as pessoas engolindo em seco. José se aproveitou da interrupção nas conversas para oferecer uma solução. "Crie um departamento de agricultura e dê o comando a alguém competente para que essa pessoa armazene o trigo nos anos de fartura e o distribua nos anos de necessidade."

Os oficiais do Egito se espantaram com a audácia de José. Uma coisa era dar más notícias ao faraó, outra, bem diferente, era oferecer um conselho não solicitado. Não obstante, aquele hebreu não demonstrara uma única ruga de medo desde que havia entrado no palácio. Também não havia feito reverências ao rei. Não oferecera saudações aos feiticeiros. Não beijou nenhum anel, não lustrou nenhuma maçã. Alguém menor teria se acovardado. José, porém, nem piscou.

Novamente, que contraste! A pessoa mais poderosa da sala, o faraó (imperador do Nilo, divindade dos céus, o grande comandante do povo das pirâmides), estava precisando muito de uma bebida. A pessoa mais baixa na escala social, José (escravo, condenado, acusado de abuso sexual), estava mais tranquilo que água de poço.

Mas o que ele tinha de diferente?

Um lastro. Assim como o Bozo. O palhaço de brinquedo da festa de aniversário, descobri anos mais tarde, vinha equipado com um lastro de chumbo. Um disco de um quilo e meio escondido na base servia para contrabalançar os socos. José também tinha um lastro desses. Não era um pedaço de chumbo, mas uma crença profunda e estabilizadora na soberania de Deus.

Podemos ver esse lastro na primeira frase que ele profere: "Isso não depende de mim, mas Deus dará ao faraó [...]" (Gênesis 41:16). Na segunda vez em que abriu a boca, José explicou: "Deus mostrou ao faraó aquilo que ele vai fazer" (Gênesis 41:28). José continuou a interpretar os sonhos e disse ao faraó que os sonhos vieram "duas vezes porque a questão já foi decidida por Deus, que se apressa em realizá-la" (Gênesis 41:32).

Em três versículos, José fez menção a Deus em três oportunidades! "Deus... Deus... Deus."

Será que já não vimos isso antes? Quando a mulher de Potifar tentou seduzir José, ele recuou, dizendo: "Como poderia eu, então, cometer algo tão perverso e pecar contra Deus?" (Gênesis 39:9). Quando os companheiros da prisão pediram que ele interpretasse os sonhos, José disse: "Não são de Deus as interpretações?" (Gênesis 40:8). José fixou a agulha da sua bússola em um norte divino. Ele viveu com a consciência de que Deus estava agindo, de que ele era capaz e que estava disposto a realizar coisas importantes.

E José estava certo. Então, o faraó ordenou uma assombrosa reviravolta: "Será que vamos achar alguém como este homem, em quem está o espírito divino?" (Gênesis 41:38). O faraó entregou o reino a José. Ao fim daquele dia, o garoto de Canaã estava em cima de uma carruagem real, o segundo na escala de autoridades, atrás apenas do faraó. Que resultado inesperado!

No caos que chamamos de "vida de José", consigo contar uma promessa quebrada, ao menos duas traições, vários ataques de ódio, dois sequestros, mais de uma tentativa de sedução, dez irmãos invejosos e um caso de péssima paternidade. Abusos. Aprisionamento injusto. Vinte e quatro meses de comida da prisão. Misture tudo e deixe descansar por 13 anos; o que você tem? A maior recuperação de toda a Bíblia! O menino perdido de Jacó se tornou o segundo homem mais poderoso do país mais poderoso do mundo. O caminho até o palácio não foi rápido e não foi sem dor, mas você não concorda que Deus transformou toda aquela bagunça em algo bom?

Você não acha que ele pode fazer o mesmo por você? Junte toda a dor do seu passado. Traições mais raiva mais tragédias. Uma criação ruim? Uma acusação injusta? Um abuso inapropriado? Ah, como a vida pode ser opressora.

Reflita sobre esta pergunta: será que o Deus de José ainda está no controle? Sim! Será que ele pode fazer por você o que fez por José? Sim! Será que o mal intencionado a machucar você pode, de fato, ajudá-lo a se tornar a pessoa que Deus deseja que você se torne? Sim! Algum dia — talvez nesta vida, com certeza na próxima — você irá fazer a soma de todo o seu sofrimento e chegar a um resultado: tudo de bom.

Foi o que aconteceu com o tenente Sam Brown. Dois anos após deixar a academia militar de West Point, o tenente Brown seguiu para a sua primeira missão no Afeganistão, quando um explosivo improvisado transformou o jipe dele em um coquetel molotov ambulante. Ele não lembra como conseguiu sair do veículo, mas lembra de rolar na areia, de jogar terra no rosto em chamas, de correr em círculos e, por fim, cair ajoelhado. Com os braços ardendo e levantados para o alto, ele gritou: "Jesus, me salve!"

No caso de Sam, aquelas palavras representaram mais do que um grito de desespero. Servo fiel de Jesus Cristo, Sam estava chamando o Salvador para que ele o levasse para casa. Sam tinha certeza de que iria morrer.

Mas a morte não veio; quem apareceu foi o artilheiro do seu batalhão. Com balas voando em todo o redor, o artilheiro ajudou Sam a encontrar um abrigo. Encolhidos atrás de uma parede, Sam percebeu que pedaços da farda estavam derretendo e fundindo à sua pele. Ele então ordenou que o soldado arrancasse as luvas dele, deixando as mãos em carne viva. O soldado hesitou por um instante, mas obedeceu. Com as luvas vieram pedaços das mãos. O tenente Brown tremeu naquele que foi o primeiro de milhares de momentos dolorosos.

Quando veículos de outro pelotão alcançaram os dois combatentes, o soldado ferido foi carregado para dentro de um caminhão. Antes de desmaiar, Sam lembra-se de dar uma breve olhada no espelho e de ver o rosto chamuscado. Ele não conseguiu se reconhecer.

Isso aconteceu em setembro de 2008. Três anos depois, quando o conheci, Sam já havia passado por dezenas de cirurgias dolorosas. A pele morta teve de ser extirpada e substituída por enxertos de pele nova. A escala de dor não tinha um número alto o suficiente para registrar a agonia que ele sentiu.

Porém, em meio a todo o horror, surgiu a beleza. E ela veio na forma da nutricionista Amy Larsen. Como a boca de Sam havia sido reduzida ao tamanho de uma moeda, o exército americano teve de monitorar a sua alimentação. Sam se recorda da primeira vez em que a viu. Cabelo escuro e olhos castanhos. Nervosa. Linda. Mas, acima de tudo, ela não se intimidou ao avistá-lo naquele estado.

Após várias semanas, ele tomou coragem e marcou um encontro com ela. Juntos, foram a um rodeio. No fim de semana seguinte, compareceram ao casamento de um amigo. Naquele dia, durante uma viagem de três horas de duração, Amy contou a Sam que já o havia notado meses atrás, quando ele ainda estava na UTI, coberto de bandagens, sedado com morfina e preso a um respirador. Quando Sam retomou a consciência, Amy foi até o quarto dele para se apresentar, mas ao chegar lá deparou com vários parentes e médicos, então desistiu.

Os dois continuaram a se ver. Logo no começo do relacionamento, Sam tocou no nome de Jesus Cristo. Amy não era religiosa, mas a história de Sam levou o coração dela até Deus. Sam falou sobre a misericórdia de Deus e fez Amy chegar até Cristo. Não demorou muito e os dois já estavam se casando. Neste momento, enquanto escrevo estas palavras, Sam e Amy cuidam do filho de sete meses. Hoje, Sam dirige um programa voltado para ajudar soldados feridos em combate.[1]

Longe de mim minimizar o horror de um homem em chamas no deserto do Afeganistão. E quem pode imaginar a tortura de repetidas cirurgias e da fisioterapia? Às vezes, o estresse emocional desse acidente cobra o preço no casamento dos dois. Mesmo assim, Sam e Amy têm uma única certeza: a matemática de Deus funciona de maneira diferente da nossa. *Guerra + quase morte + recuperação agonizante = família maravilhosa e esperança de um futuro brilhante.* Nas mãos de Deus, o mal intencional se torna o bem eventual.

Com a ajuda de Deus, você pode se reerguer. Quem é que sabe? Talvez a sua retomada aconteça hoje mesmo. Na manhã em que recebeu a promoção, José não tinha motivo algum para acreditar que aquele dia seria diferente dos setecentos que vieram antes. Duvido que ele tenha orado assim: "Deus, por favor, me transforme no primeiro-ministro do Egito antes do pôr do sol." Mas Deus superou a melhor das orações de José. José começou aquele dia na prisão e terminou no palácio. Quando deitou a cabeça no travesseiro, contam, ele sorriu dentro de si e sussurrou: "Como o Max disse, sou mais persistente que o Bozo".

CAPÍTULO 8

DEUS É BOM QUANDO A VIDA É RUIM?

Lembro-me de que aquele dia estava quente, como um dia típico do verão brasileiro. Denalyn e eu estávamos passando a tarde com nossos amigos Paul e Debbie. A casa deles era um refúgio muito agradável no intenso calor. Na época, vivíamos perto do Centro do Rio de Janeiro em um prédio de muitos andares. A casa de Paul e Debbie ficava a uma hora do Centro da cidade, em um lugar onde o ar era mais fresco, as ruas eram mais limpas e a vida era mais calma. Além disso tudo, eles tinham uma piscina.

A nossa filha Jenna, então com dois anos, adorava brincar com os filhos dos nossos amigos — e era exatamente o que estava fazendo quando caiu na piscina. Obviamente, não era a nossa intenção deixar as crianças sozinhas. Havíamos entrado na casa por um segundo apenas para pôr comida no prato. Estávamos conversando e beliscando, quando a filha de Paul e Debbie, na época com quatro anos, entrou na sala e sem maior alarde disse para a mãe: "Jenna caiu na piscina." Saímos pela porta como um raio. Jenna se debatia na água; ela não usava boias nem colete salva-vidas. Paul a alcançou primeiro, pulou na água e a ergueu entregando a Denalyn. Jenna tossiu e chorou por um instante e, sem mais nem menos, logo estava bem. Conseguimos evitar a tragédia. A minha filha estava a salvo.

Imagine o tamanho da nossa gratidão. Imediatamente, reunimos as crianças, fizemos uma oração e cantamos em agradecimento. Durante todo o resto do dia não colocamos os pés no chão e Jenna não saiu de nossos braços. Mesmo quando já voltávamos para casa, eu ainda estava agradecendo a Deus. Olhei pelo espelho retrovisor e vi Jenna dormindo profundamente no banco de trás; aproveitei e fiz mais uma oração: "Deus, tu és muito bom." Nesse instante, uma pergunta tomou os meus pensamentos. De onde viria essa pergunta? De Deus? Ou da parte de mim que luta para entender Deus? Não sei dizer. Mas ainda me lembro da pergunta: "Se Jenna não tivesse sobrevivido, será que Deus ainda seria bom?"

Durante grande parte daquela tarde, fiquei falando sobre a bondade de Deus. Mas, se tivéssemos perdido Jenna, será que eu teria chegado a outra conclusão? Será que Deus só é bom quando o resultado é favorável?

Quando o câncer está em remissão, dizemos: "Deus é bom." Quando recebemos um aumento, anunciamos: "Deus é bom." Quando conseguimos entrar na universidade ou quando o resultado do jogo é bom para o time que torcemos, "Deus é bom". Mas será que diríamos o mesmo em circunstâncias diferentes? Será que dizemos isso tanto na maternidade quanto no cemitério? Tanto na fila do supermercado quanto na fila do desemprego? Nos dias de recessão e nos dias de bem-aventurança? Será que Deus é sempre bom?

Para os meus amigos Brian e Christyn Taylor, essa pergunta rompeu as barreiras da teoria. Em 2012, a filha deles de apenas sete anos ficou hospitalizada por mais de seis meses e teve de enfrentar seis cirurgias para combater uma doença no pâncreas; Brian perdeu o emprego; vários parentes deles morreram e outro foi diagnosticado com câncer no cérebro; e Christyn engravidou do quarto filho. A vida estava difícil. Como Christyn escreveu no seu blog:

> As várias noites passadas com a minha filha no hospital foram difíceis, mas eu mantive a fé. Perder os familiares do Brian um por um, até que apenas um ficasse vivo (apesar do diagnóstico de câncer no cérebro de grau quatro) foi incompreensível, mas eu mantive a fé. Ser internada com sete semanas e meia de gravidez por conta de

um descolamento da placenta foi assustador, mas mantive a fé. Eu mantive a crença de que Deus trabalha pelo meu bem, e, apesar de não compreender necessariamente as provações pelas quais estava passando, confiei no plano maior e invisível de Deus.

Eu e Deus tínhamos um acordo — eu suportaria as provações que surgissem no caminho, contanto que ele reconhecesse o momento de parar. Ele sabia onde eu havia cruzado uma linha, e eu sabia, dentro do meu coração, que ele jamais cruzaria essa linha.

Mas ele cruzou. Dei à luz uma criança natimorta. Como a minha filha Rebecca ainda estava em casa recebendo alimentação por tubos e como o futuro da saúde dela era completamente desconhecido, tínhamos a certeza de que essa criança que tanto desejávamos e amávamos seria poupada. Mas ela não foi. A linha que risquei no chão fora cruzada. O único acordo que eu tinha feito com Deus havia sido quebrado.

Naquele momento, tudo mudou. O medo invadiu o meu ser e a minha fé começou a desmoronar. A minha "zona de conforto" com Deus não era mais confortável. Se algo assim podia acontecer no momento de maior dificuldade da minha vida, então tudo mais poderia acontecer. Pela primeira vez na minha vida, a ansiedade começou a tomar conta.[1]

Podemos nos colocar no lugar dela. A maioria de nós, talvez todos nós, tem um tipo de acordo contratual com Deus. O fato de ele nunca ter assinado esse contrato não nos impede de continuar acreditando nele.

Prometo ser uma pessoa boa e decente e, em troca, Deus vai...
   salvar o meu filho.
   curar a minha mulher.
   proteger o meu trabalho.
   (Preencha a lacuna:) _____

Nada mais justo, certo? No entanto, quando Deus deixa de atender as expectativas que consideramos fundamentais, acabamos caindo em um furacão de dúvidas. Será que ele é bom mesmo? Será que Deus está bravo comigo? Talvez confuso? Sobrecarregado? Será que o poder dele é limitado? Que a autoridade dele é restrita? Será que o diabo enganou Deus? Quando a vida não é boa, o que devemos pensar sobre Deus? Onde está ele no meio de tudo isso?

Aqui, as palavras de José para o faraó nos ajudam um pouco. Não costumamos pensar em José como um típico teólogo; pelo menos, não como Jó, o sofredor, ou Paulo, o apóstolo. Para começar, não temos acesso a muitas palavras ditas por José. Mas as poucas existentes revelam um homem que lutou para compreender a natureza de Deus.

Ele anunciou diante do faraó:

> Virão sete anos de fome. Então todo o tempo de fartura será esquecido, pois a fome arruinará a terra. A fome que virá depois será tão rigorosa que o tempo de fartura não será mais lembrado na terra. O sonho veio ao faraó duas vezes porque a questão já foi decidida por Deus, que se apressa em realizá-la. (Gênesis 41:30-32)

José enxergou que os dois períodos, o de fartura e o de escassez, estavam sob a jurisdição de Deus. Ambos foram "decididos por Deus".

Mas como pode ser? Então a calamidade foi uma ideia de Deus?

Claro que não. Deus nunca cria nem se aproveita do mal. "Longe de Deus esteja o fazer o mal, e do Todo-Poderoso o praticar a iniquidade" (Jó 34:10; ver também Tiago 1:17). Ele é a essência do bem. Como ele, que é o bem, pode criar qualquer coisa maligna?

Além disso, Deus é soberano. A Escritura repetidas vezes atribui o controle total e absoluto às mãos de Deus. "O Deus Altíssimo domina sobre os reinos dos homens e coloca no poder a quem ele quer" (Daniel 5:21). Deus é bom. Deus é soberano. Então de que modo devemos compreender a ocorrência de calamidades no mundo de Deus?

Eis como a Bíblia explica: ele as permite. Quando demônios imploraram a Jesus que os deixassem entrar nos porcos, "ele lhes deu permissão" (Marcos 5:12-13). Em relação aos rebeldes, Deus disse: "Deixei que se contaminassem [...] para que eu os enchesse de pavor e para que eles soubessem que eu sou o Senhor" (Ezequiel 20:26). O Antigo Testamento fala das consequências de matar alguém por acidente: "Se não o fez intencionalmente, mas Deus o permitiu, designei um lugar para onde poderá fugir" (Êxodo 21:13).

Às vezes, Deus permite que as tragédias aconteçam. Ele permite que a terra seque e que o trigo nasça oco. Ele permite que Satanás cause desastres. Mas ele jamais permite que Satanás triunfe. Pois não é essa a promessa de Romanos 8:28: "Sabemos que Deus age em todas as coisas para o bem daqueles que o amam, dos que foram chamados de acordo com o seu propósito"? Deus promete criar o belo a partir de "todas as coisas", não de "cada uma das coisas". Os eventos isolados podem ser maus, mas o resultado é bom.

Podemos encontrar pequenos exemplos disso em nossa vida. Quando você dá um gole em uma xícara de café e diz "isto é bom", o que é que você está dizendo? Que a embalagem de plástico que contém o café é boa? Que os grãos de café em si são bons? Que a água quente é boa? Que o filtro do café é bom? Não, nada disso. O *bom* acontece quando todos os ingredientes trabalham juntos: a embalagem se abre, os grãos de café são moídos, a água é aquecida na temperatura certa. É a ação conjunta dos elementos que produz o bem.

Não há trecho nenhum na Bíblia que nos faça pensar que um período de fome, um ataque cardíaco ou um ataque terrorista sejam bons. Tudo isso não passa de calamidades terríveis, surgidas de uma terra caída. Porém, todas as mensagens da Bíblia, e a história de José em especial, nos compelem a acreditar que Deus irá misturar essas calamidades com outros ingredientes para produzir o bem a partir delas.

Mas precisamos permitir que Deus defina o que é o *bem*. Para o homem, essa definição significa saúde, conforto e reconhecimento. E quanto à definição divina? No caso do Filho de Deus, Jesus Cristo, uma boa vida significou luta, tempestades e morte. Mas Deus trabalhou tudo isso para criar um bem maior: a sua glória e a nossa salvação.

Joni Eareckson Tada passou grande parte da vida tentando reconciliar a presença do sofrimento com a natureza de Deus. Ela era apenas uma adolescente quando um acidente em um mergulho a paralisou do pescoço para baixo. Depois de mais de quarenta anos em uma cadeira de rodas, Joni chegou à seguinte conclusão:

> [No começo] Pensei que, se Satanás e Deus estavam envolvidos de alguma forma no meu acidente, então provavelmente o diabo devia ter ganhado a queda de braço com Deus para obter permissão [...].
>
> Imaginei que, uma vez que Deus havia concedido essa permissão a Satanás, ele então teve que correr atrás do diabo com um kit de conserto, remendando o que Satanás arruinava, resmungando para si mesmo: "Ah, que ótimo, agora tenho de consertar isso para fazer o bem?" [...].
>
> Mas a verdade é que Deus é infinitamente mais poderoso que Satanás [...].
>
> [...] Enquanto a motivação de Satanás no meu acidente foi destruir a minha fé ao colocar uma cadeira de rodas no meu caminho, estou convencida de que a motivação de Deus foi frustrar o diabo e usar a cadeira de rodas para me modificar e me fazer mais parecida com Cristo nesse caminhar [...].
>
> [Deus pode] fazer o bem a partir da maldade do diabo.[2]

Era essa a mensagem de Jesus. Quando os seguidores dele avistaram um cego na beira do caminho, pararam e pediram uma explicação para Jesus. Será que Deus estava bravo? Quem deveria ser culpado? Quem havia pecado? A resposta que Jesus deu ofereceu uma opção mais elevada: o homem estava cego "para que a obra de Deus se manifestasse na vida dele" (João 9:3). Deus transformou a cegueira, algo ruim, em um outdoor para o poder de cura de Jesus. Satanás agiu, Deus reagiu e o bem prevaleceu. É quase um jiu-jítsu divino. Deus redireciona a energia do mal contra a sua própria fonte. "[Deus] usa o mal para reduzir o mal a nada."[3] Ele é o melhor jogador de xadrez conhecido, sempre dando um xeque-mate nos movimentos do diabo.

Nossas escolhas se resumem a duas: confiar em Deus ou se afastar. Ele vai cruzar a linha. Ele vai estilhaçar toda e qualquer expectativa. E nós precisaremos tomar uma decisão.

Christyn Taylor fez uma escolha. Lembra-se da jovem mãe sobre quem falei? Ela conclui o seu blog com estas palavras:

> Durante semanas, tentei compreender por que um Deus que eu tanto amo poderia permitir que algo assim acontecesse com a minha família, e bem no momento em que aconteceu. A única conclusão a que cheguei foi esta: tenho de abrir mão da linha que tracei no chão. É preciso oferecer a vida por completo, cada minuto dela, para o controle de Deus, independentemente do resultado.
>
> A minha família está nas mãos de Deus. Não há mais linhas traçadas, não há mais acordos a serem respeitados. Entreguei a vida da minha família para o Senhor. Agora a paz entra onde antes residia o pânico, e a calma existe onde antes reinava a ansiedade.[4]

Em algum ponto da vida todos nós chegamos a essa bifurcação. Será que Deus é bom quando o resultado é ruim? Tanto durante a fome quanto no banquete? A resposta definitiva vem da pessoa de Jesus Cristo. Ele é o único retrato que a humanidade tem de Deus. Você quer saber qual é a resposta mais precisa do Céu para a questão do sofrimento? Olhe para Jesus.

Ele passou os dedos nas feridas dos leprosos. Ele sentiu as lágrimas da mulher pecadora que chorou. Ele inclinou o ouvido para ouvir a súplica dos famintos. Ele chorou a morte de um amigo. Ele parou de trabalhar para atender as necessidades da mãe sofredora. Ele não recuou, não fugiu nem correu ao avistar a dor. Ao contrário. Ele não caminhou pela terra em uma bolha isolada, como também não pregou de uma ilha isolada, livre de germes, isenta da dor. Ele provou do próprio remédio. Ele jogou pelas próprias regras. Sabe aquelas irritações banais da vida em família? Jesus passou por isso. As acusações cruéis de homens invejosos? Jesus sentiu essa ferroada. A morte aparentemente injustificada? Basta olhar para a cruz. Ele não espera nada de nós que ele mesmo não tenha experimentado.

Por quê? Porque ele é bom.

Deus não deve a nós nenhuma explicação além dessa. Além disso, se ele desse alguma outra explicação, o que nos faz crer que seríamos capazes de compreendê-la? Será que o problema está menos no plano de Deus e mais na perspectiva limitada da humanidade? Vamos imaginar que a esposa de George Frideric Handel encontrasse uma página do famoso oratório do marido chamado *Messias*. A obra completa contava com mais de duzentas páginas. Imagine que ela encontrasse uma página jogada na mesa da cozinha. Na página, apenas um trecho em escala menor, uma que não funcionasse por si só. Imagine que a esposa de Handel, armada com esse fragmento dissonante, entrasse no estúdio dele dizendo: "Essa música não faz sentido. Você é um péssimo compositor." O que você acha que ele pensaria?

Provavelmente ele pensaria de forma similar à de Deus quando fazemos o mesmo. Nós apontamos para o trecho em escala menor — um filho doente, um par de muletas, fome — e dizemos: "Isso não faz sentido!" Não obstante, de toda a criação de Deus, quanto pudemos ver? E, de toda a obra dele, quanto podemos compreender? Apenas um ínfimo. Um buraco na fechadura da porta. Será que é possível existir alguma explicação para a existência do sofrimento sobre a qual nada sabemos? E se a resposta de Deus para a questão do sofrimento exigir mais *megabytes* do aqueles com que nossos cérebros foram abençoados?

Será que é possível que a maravilha que é o Céu faça um bom negócio surgir mesmo da vida mais difícil? Essa era a opinião de Paulo. "Os nossos sofrimentos leves e momentâneos estão produzindo para nós uma glória eterna que pesa mais do que todos eles" (2Coríntios 4:17).

Imagine que eu convide você para experimentar o dia dos seus sonhos. Vinte e quatro horas em uma ilha paradisíaca com os seus amigos prediletos, comida favorita e a diversão de que mais gosta. O único porém: passar por um milissegundo de desconforto. Por motivos que optei não explicar, você vai precisar começar o dia com esse milissegundo de incômodo.

Você aceitaria essa oferta? Eu acredito que sim. Um milissegundo não é nada comparado a 24 horas. No relógio de Deus, você está no meio do seu milissegundo. Comparado à eternidade, o que significam setenta, oitenta, noventa anos? São nada mais que vapor. Um estalar de dedos, comparado aos Céus.

A sua dor não vai durar para sempre, mas você vai. "Os nossos sofrimentos atuais não podem ser comparados com a glória que em nós será revelada" (Romanos 8:18).

O que está por vir vai dar sentido ao que está acontecendo agora. Permita que Deus termine a obra divina que ele começou. Deixe o compositor terminar a sinfonia. A previsão é simples: dias bons e dias ruins. Mas Deus está em *todos* os dias. Ele é o Senhor da fome e do banquete, e usa ambos para cumprir o seu propósito.

CAPÍTULO 9

Uma colherada de Gratidão para acompanhar, por favor

Por mais que eu tente parecer culto, a minha caipirice quase sempre aparece por baixo do terno. Foi o que aconteceu anos atrás quando fui convidado para tomar chá na casa de um pastor. Eu havia acabado de começar o meu ministério e era novo na cidade. Ele era um pastor veterano da Nova Zelândia que fora educado na Inglaterra. Fiquei muito honrado quando ele pediu que eu falasse para a igreja dele. Mas fiquei bastante intrigado quando me convidou para tomar um chá das cinco.

Eu nunca tinha ouvido falar de chá das cinco. Já tinha ouvido falar de chá de cadeira, chá de bebê e de chá propriamente dito. Mas nunca de chá das cinco. Chá (para os garotos do oeste do Texas) significa uma jarra, copos altos, cubos de gelo e chá gelado. Com espírito aventureiro, aceitei de bom grado o convite. Cheguei até a fingir certo entusiasmo ao ver o chá e a bandeja de biscoitos. Mas, então, veio a hora da verdade. A anfitriã perguntou que acompanhamento eu gostaria com o meu chá. Ela deu duas opções: "Limão? Leite?" Eu não fazia a menor ideia, mas não queria parecer rude e não queria deixar de experimentar nada; assim, respondi: "Os dois."

O olhar estampado no rosto dela não deixava dúvida. Eu tinha errado feio. "Não se mistura limão e leite na mesma xícara", explicou-me com delicadeza, "a menos que você queira uma xícara de coalhada."

Certas coisas não foram feitas para coexistir. Gato com rabo comprido e cadeira de balanço? Péssima combinação. Homens e um armário de porcelanas? Não é a melhor das ideias. Bênçãos e amargura? Essa mistura não combina com Deus. Junte a bondade divina com a ingratidão terrena e você pode esperar uma mistura bem rançosa.

Talvez você já tenha experimentado isso. A gratidão não é algo que vem naturalmente. Ao contrário da autopiedade. Ao contrário da dor de barriga. Reclamações e resmungos — ninguém precisa pedir que verbalizemos. No entanto, nada disso combina com a bondade que recebemos. Tudo de que precisamos é uma colherada de gratidão.

José foi além dessa colherada. Ele tinha muitos motivos para ser ingrato. Abandonado. Escravizado. Traído. Exilado. Mas, por mais que tentemos encontrar marcas de amargura nele, não conseguimos. O que vemos, porém, são dois gestos intensos de gratidão.

> Antes dos anos de fome, Azenate, filha de Potífera, sacerdote de Om, deu a José dois filhos. Ao primeiro, José deu o nome de Manassés, dizendo: "Deus me fez esquecer todo o meu sofrimento e toda a casa de meu pai." Ao segundo filho, chamou Efraim, dizendo: "Deus me fez prosperar na terra onde tenho sofrido."
> (Gênesis 41:50-52)

Dar o nome a um filho exige muita responsabilidade. Esse nome vale para a vida toda. Onde o filho vai, sempre que ele é apresentado, a decisão dos pais volta a ser lembrada. A maioria dos pais faz um grande esforço para escolher o nome perfeito para os filhos. Com José também foi assim.

Os dias eram de abundância. Deus havia recompensado José com um lugar na corte do faraó e com uma esposa. Era chegado o tempo de começar uma família. O jovem casal se reclinava em um sofá quando José alcançou a barriga redonda de Azenate para fazer um carinho.

— Estive pensando em nomes para o bebê.

— Ah, José, que lindo. Eu também andei pensando. Para falar a verdade, comprei um livro com nomes de bebês ali no mercado.

— Acho que você não vai precisar. Já escolhi o nome.

— E qual é?

— Deus Me Fez Esquecer.

— Se ele te fez esquecer, como vai dar um nome a ele?

— Não, este é o nome: Deus Me Fez Esquecer.

Azenate olhou para José daquele jeito que as esposas egípcias sempre olham para os maridos hebreus.

— Deus Me Fez Esquecer? Toda vez que eu chamar o meu filho, vou ter que dizer 'Deus Me Fez Esquecer'? — Ela balançou a cabeça e experimentou o nome. — "Já está na hora do jantar, Deus Me Fez Esquecer. Desça e lave as mãos, Deus Me Fez Esquecer". Não sei não, José. Eu estava pensando em algo mais parecido com Tut ou Ramsés; você já pensou no nome Max? É um nome reservado para pessoas especiais.

— Não, Azenate, eu já decidi. Toda vez que o nome do meu filho for dito, o nome de Deus será louvado. Deus me fez esquecer toda a dor e o sofrimento que experimentei nas mãos dos meus irmãos, e quero que todos saibam, eu quero que Deus saiba, que sou grato.

Parece que a sra. José gostou da ideia, já que no nascimento do segundo filho ela e José batizaram o menino de Deus Me Fez Prosperar. Um nome honrava a misericórdia de Deus, o outro nome proclamava a benevolência divina.

Você não acha que Deus reparou no gesto de José? Pois uma história do Novo Testamento nos dá a resposta. Muitos séculos depois, "Jesus passou pela divisa entre Samaria e Galileia. Ao entrar num povoado, dez leprosos dirigiram-se a ele. Ficaram a certa distância e gritaram em alta voz: 'Jesus, Mestre, tem piedade de nós!'" (Lucas 17:11-13).

Talvez os leprosos estivessem esperando Jesus dobrar uma curva no caminho. Talvez estivessem esperando atrás de algumas árvores ou de um amontoado de pedras. Apesar de não sabermos de onde eles vieram, podemos ter certeza do que gritavam. "Impuro! Impuro!" Mas o aviso era desnecessário. A aparência deles era o bastante para afastar as pessoas. A pele ulcerada, os membros deformados, o rosto irregular. Todo mundo evitava os leprosos. Mas Jesus procurava encontrá-los. Quando ouviu o aviso desses homens, Jesus disse: "Vão mostrar-se aos sacerdotes" (Lucas 17:14).

Os leprosos compreenderam a importância daquela instrução. Apenas os sacerdotes podiam reverter os estigmas. Os leprosos fizeram a sua parte e obedeceram. Jesus fez a parte dele e curou o grupo. Enquanto seguiam para o templo, puderam dispensar as muletas e descartar os capuzes usados para se esconder. Colunas voltaram a se endireitar, a pele começou a ficar limpa e sorrisos brotavam naqueles rostos. Aquele amontoado de miséria se transformou em um coro alegre, animado e que celebrava a saúde.

Olhando para o horizonte, Jesus pôde ver a dança dos leprosos. Então ele esperou que retornassem. E esperou. E esperou. Alguns discípulos deitaram no chão. Outros foram buscar comida. Jesus ficou ali. Ele queria ouvir as histórias depois que voltassem. "O que a sua esposa disse? Os seus filhos gostaram? Como se sente depois de ser curado?" Jesus esperava que os dez homens voltassem para agradecer. Mas apenas um retornou.

> Um deles, quando viu que estava curado, voltou, louvando a Deus em alta voz. Prostrou-se aos pés de Jesus e lhe agradeceu. Este era samaritano.
> Jesus perguntou: "Não foram purificados todos os dez? Onde estão os outros nove? Não se achou nenhum que voltasse e desse louvor a Deus, a não ser este estrangeiro?" (Lucas 17:15-18)

Até mesmo Jesus estava surpreso. Era de esperar que nem fogo nem granizo fossem capazes de impedir aquele grupo de ajoelhar aos pés de Jesus. Onde estavam os outros nove? Podemos apenas imaginar.

Alguns estavam ocupados demais para mostrar gratidão. Até tinham feito planos para agradecer, mas antes precisavam encontrar os parentes, os médicos, o cachorro, o papagaio e os vizinhos. Estavam muito ocupados.

Outros preferiram ser cuidadosos antes de agradecer. Esses se guardaram contra a alegria, preferindo não criar expectativas. Esperavam a ficha cair. Esperavam para ler as letras miúdas. Esperavam para ver o que Jesus pediria em troca. Quando a esmola é demais, o santo desconfia. Estavam muito cautelosos.

Havia também os que eram muito egoístas para mostrar gratidão. A vida de doente era mais simples. Agora seria preciso arranjar trabalho e participar da sociedade.

Por fim, havia os que eram arrogantes demais. Nunca acharam que estivessem assim *tão* doentes. Se tivessem tido tempo, teriam se recuperado. Além disso, ser grato é admitir ter uma necessidade. E quem é que quer demonstrar fraqueza, quando se tem uma imagem a zelar?

Ocupados demais, cautelosos demais, egoístas demais, arrogantes demais... Você consegue se enxergar? Se essa história serve de parâmetro, podemos dizer que nove de cada dez pessoas sofrem de ingratidão. E em proporções epidêmicas. Por quê? Por que essa apreciação pela depreciação?

Acredito que descobri a resposta em uma viagem que fiz há pouco tempo. Eu voava para casa de volta do Centro-Oeste quando uma nevasca atrasou a minha chegada a Dallas. Corri para o portão de embarque na esperança de conseguir tomar o último voo da noite para San Antonio. O aeroporto parecia estar sob um estado de tumulto contido, um monte de gente correndo de um portão para o outro. As companhias aéreas já haviam embarcado passageiros a mais na aeronave que eu pegaria. Com todo o charme que pude encontrar, perguntei para a atendente: "Ainda há lugares vagos?".

Ela olhou para a tela do computador. "Não", respondeu. "Infelizmente..."

Eu sabia exatamente como ela iria terminar a frase. "Infelizmente você vai ter de passar a noite aqui." "Infelizmente você vai ter de procurar um hotel." "Infelizmente você vai ter de tomar o voo das seis horas para San Antonio."

Mas ela não disse nada disso. Em vez disso, ela olhou para mim e sorriu. "Infelizmente não há mais lugares vagos na classe econômica. Vamos ter de mudar você para a primeira classe. Você se importa se eu fizer isso?"

"Você se importa se eu te der um beijo?" Embarquei no avião e me ajeitei na poltrona mais larga, com espaço extra para as pernas.

Eu estava ruborizado de tão grato.

Nem todos os passageiros, porém, tiveram a mesma gratidão que eu. Um camarada do outro lado do corredor estava nervoso porque tinha recebido apenas um travesseiro. Enquanto as aeromoças fechavam os compartimentos de bagagem para a decolagem, ele reclamava do serviço malfeito. "Eu paguei muito dinheiro para voar de primeira classe. Estou acostumado a receber atenção! Quero outro travesseiro!"

No meu lado do corredor, eu sorria como se tivesse ganhado na loteria sem ter comprado um bilhete. Um passageiro reclamava; o outro estava mais do que grato. Qual era a diferença? O nervosinho pagara para voar de primeira classe. Eu tinha recebido um presente.

Em que lado do corredor você está?

Se você acha que o mundo lhe deve algo, pode se preparar para uma vida de amargura. Você jamais vai ser reembolsado. O céu nunca vai ser azul o bastante; o bife nunca vai estar no ponto certo; o universo jamais será bom o bastante para merecer um ser humano como você. Você vai rugir e reclamar até chegar com rapidez à cova. "O orgulhoso raramente é grato, porque nunca acredita que recebe tanto quanto merece."[1]

O coração grato, por outro lado, encara cada dia como um presente. As pessoas gratas se concentram menos nos travesseiros que faltam e mais nos privilégios que a vida oferece. Não faz muito tempo, fui convidado para um banquete em que um soldado ferido foi presenteado com uma casa. Ele quase desmaiou de gratidão. Arrastando-se até o palco com a perna boa, ele jogou os braços sobre o apresentador do evento. "Obrigado! Obrigado! Obrigado!" Ele abraçou o guitarrista da banda e a mulher enorme da primeira fila. Ele agradeceu ao garçom, aos outros soldados e ao apresentador pela segunda vez. Antes de ir embora, ele agradeceu até a mim! E eu não tinha feito nada.

Será que não devemos ser gratos como ele? Jesus está preparando uma casa para nós (ver João 14:2). O título de propriedade que vamos receber é tão certo quanto aquele que o soldado recebeu. Além disso, precisamos lembrar: Jesus nos curou da lepra. O pecado é um câncer da alma que entorpece os sentidos. Mas bastou aquele mesmo homem que passava pela divisa entre a Samaria e a Galileia dizer que estávamos curados e, olhe só!, estamos curados!

O coração grato é como um ímã que flutua pela vida, atraindo motivos para demonstrar a gratidão. Um zilhão de diamantes brilha contra o veludo do céu durante as noites. *Obrigado, Deus.* Um milagre em forma de músculos permite que os seus olhos consigam ler essas palavras e que o seu cérebro consiga entendê-las. *Obrigado, Deus.* Os seus pulmões inspiram e expiram 11 mil litros de ar todos os dias. O seu coração vai bater cerca de três bilhões de vezes durante a sua vida. O seu cérebro é um verdadeiro gerador de eletricidade. *Obrigado, Deus.*

Pela geleia na torrada e pelo leite na tigela de cereal. Pelo cobertor que aquece, pela piada que faz rir e pelo calor do sol que faz lembrar o amor de Deus. Pelos milhares de aviões que não caíram hoje. Pelos homens que não traíram as suas mulheres e pelas mulheres que não abandonaram os maridos, e pelas crianças que, apesar da indescritível pressão para desonrar os pais, decidiram não seguir tal caminho. *Obrigado, Senhor.*

A gratidão nos faz suportar os momentos difíceis. Refletir sobre as bênçãos da vida equivale a revisitar os feitos de Deus. Revisitar os feitos de Deus significa descobrir o coração divino. Descobrir o coração divino significa não só descobrir os presentes recebidos, mas descobrir o Grande Presenteador. A gratidão sempre faz olhar para Deus e na direção contrária do temor. Ela faz com a ansiedade o mesmo que o sol da manhã faz com a neblina no vale. Ela a dispersa.

Faça parte dos 10% que batem palmas para Deus. Dê "graças constantemente a Deus Pai por todas as coisas, em nome de nosso Senhor Jesus Cristo" (Efésios 5:20).

Você não precisa batizar o seu filho com o nome de Deus, mas essa é uma possibilidade. Ou talvez você possa escrever uma carta listando as bênçãos que ele proporciona, ou escrever uma música em louvor a ele. Talvez você possa ajudar um órfão, comprar móveis para uma família em necessidade, talvez até adotar um filho como Deus adotou você. O caminho mais certo para sair de um buraco é aquele com a placa que indica: "Obrigado".

Mas e quanto aos dias desastrosos? E quanto às noites que não conseguimos dormir, e às horas em que não conseguimos descansar? Devemos ser gratos? Pois Jesus foi muito grato. "Na noite em que foi traído, [o Senhor Jesus] tomou o pão e, tendo dado graças, partiu-o" (1Coríntios 11:23-24).

Não é sempre que vemos as expressões *traído* e *dando graças* na mesma frase, quanto mais no mesmo coração. Jesus e os discípulos estavam no cenáculo. Judas, o ardiloso, estava sentado em um canto. Pedro, o impetuoso, sentava-se à mesa. Um trairia Jesus; o outro o negaria. Jesus sabia o que estava por vir, mas, mesmo na noite em que seria traído, ele agradeceu. Em meio à noite mais escura da alma humana, Jesus encontrou motivo para agradecer. Todo mundo pode agradecer a Deus pela luz. Mas Jesus ensina a agradecer pela escuridão.

Foi o que ele ensinou para um menino de oito anos chamado Daniel. O meu amigo Rob derreteu-se em lágrimas ao contar a história da vida difícil desse seu filho. Daniel nascera com lábios leporinos, doença que desfigura o rosto. Apesar da cirurgia, as marcas eram evidentes, de modo que as pessoas notavam a diferença e, às vezes, faziam comentários.

Daniel, no entanto, não se deixa abalar. Ele diz que Deus o fez assim, então qual é o problema? Certa vez, ele foi escolhido o aluno da semana na escola e teve de levar alguma coisa para mostrar para os coleguinhas. Daniel disse à mãe que queria levar as fotos que mostravam o seu rosto antes da cirurgia. A mãe dele ficou preocupada. "Mas será que não vai se sentir meio estranho?", perguntou ela.

Daniel insistiu: "Ah, não, eu quero que todo mundo veja o que Deus fez por mim!"[2]

Experimente usar um pouco dessa alegria contagiante do Daniel e veja o que acontece. Deus deu a você uma xícara inteira de bênçãos. Não custa nada você adoçá-la com uma colherada bem cheia de gratidão.

"Deixe-me apresentar meus filhos para você", José diria. "Venham cá, Deus Me Fez Esquecer e Deus Me Fez Prosperar. De onde tirei esses nomes? Bem, puxe uma cadeira, pois vou contar o que Deus fez por mim."

CAPÍTULO 10

Sobre escândalos e a falta de caráter na família

As feridas causadas pela família demoram a curar.

Espero que a sua infância tenha sido feliz, que os seus pais tenham conseguido alimentar, proteger e fazer todos rirem. Espero que o seu pai tenha voltado para casa todos os dias, que a sua mãe tenha colocado você para dormir todas as noites e que os seus irmãos tenham sido os seus melhores amigos. Espero que você considere este capítulo, que trata das feridas familiares, bastante irrelevante.

Caso contrário, você precisa saber que não está sozinho. A árvore genealógica mais famosa da Bíblia sofreu com um caso grave de erva daninha. Adão acusou Eva. Caim assassinou o irmão mais novo. Abraão mentiu sobre Sara. Rebeca favorecia Jacó. Jacó traiu Esaú, que depois liderou uma gangue de criminosos. O livro do Gênesis é repleto de desastres familiares.

José não merecia ser abandonado pelos irmãos. Sim, é verdade que ele não era a melhor pessoa para se conviver. José costumava se gabar dos sonhos que tinha e vivia fazendo fofoca sobre os irmãos.[1] Ele mereceu dividir parte da culpa pelos atritos na família. Mas certamente não merecia ser jogado em um poço e vendido a preço de banana como escravo.

Os autores desse crime foram os seus dez irmãos mais velhos. Os 11 irmãos dividiam o mesmo pai, a mesma mesa e o mesmo quintal. Os irmãos deviam cuidar dele. Os irmãos de José não se entendiam com ele. E o pai? O pai vivia fora de sintonia.

Falo com todo o respeito, mas o patriarca bem que poderia fazer um curso de vida familiar e de um bom casamento. Erro número um: ele se casou com uma mulher que não amava para poder se casar com a mulher que amava. Erro número dois: as duas esposas eram irmãs. (Quase como jogar um palito de fósforo aceso em uma pilha de fogos de artifício.) A primeira irmã deu a Jacó apenas alguns filhos. A segunda, porém, não lhe deu nenhum. Então, para aumentar o clã, Jacó deitou-se com um sem-número de criadas e concubinas até ter uma creche inteira. Quando isso aconteceu, Raquel, a esposa favorita, finalmente deu à luz José, que logo virou o filho favorito. Depois Raquel morreu dando à luz Benjamim, deixando Jacó com uma casa em pé de guerra e um coração partido.

A solução encontrada por Jacó foi se ausentar. Quando José se gabou para os irmãos dizendo que iriam se curvar diante dele, Jacó ficou quieto. Quando Jacó recebeu a notícia de que os filhos tinham levado o rebanho para pastar nos arredores de Siquém, lugar da briga entre os irmãos, ele correu para lá e repreendeu os filhos? Não, ele enviou José para saber o que estava acontecendo. Ele enviou um filho para fazer o trabalho de um pai.

Filhos teimosos. Um pai negligente. Os irmãos precisavam de um pai. O pai precisava de uma reprimenda. E José precisava de um protetor. Mas ele não foi protegido; José foi negligenciado. E acabou parando em um lugar escuro e distante.

No começo, José optou por não encarar o passado. Quando tornou a encontrar os irmãos, José já era primeiro-ministro havia mais de uma década. Do seu pescoço, pendia uma corrente com águias douradas. Na mão, José carregava o anel do rei. A túnica colorida salpicada de sangue agora dava lugar a uma veste real. O menino de Canaã tinha chegado longe.

José podia viajar para qualquer lugar que desejasse, mas, mesmo assim, escolheu não retornar a Canaã. Formar um exército e acertar as contas com os irmãos? Ele tinha os recursos necessários. Mandar buscar o seu pai? Mandar uma mensagem para ele, pelo menos? Ele teve cerca de oito anos para tirar tudo a limpo. Ele sabia onde encontrar a sua família, mas escolheu não fazer nenhum contato. Ele manteve os segredos de família guardados. Intocados e não resolvidos. José estava contente deixando o passado para trás.

Mas Deus não estava. A reconciliação é importante para Deus. A cura do coração passa pela cura do passado. Então Deus resolveu agitar as coisas.

"De toda a terra vinha gente ao Egito para comprar trigo de José, porquanto a fome se agravava em toda parte" (Gênesis 41:57). No meio das longas filas de pessoas que vinham apelar para a misericórdia dos egípcios, eis que uma surpresa apareceu. "Assim dez dos irmãos de José desceram ao Egito para comprar trigo" (Gênesis 42:3).

José ouviu os irmãos antes que estes o vissem. Ele estava dando ordens para um servo quando ouviu a conversa em hebraico. Aquela não era apenas a língua do coração dele, mas exatamente o dialeto da sua casa. O príncipe então ordenou que o servo silenciasse. Ele se virou e olhou: ali estavam os seus irmãos.

Os irmãos estavam mais calvos, mais grisalhos e com a pele mais envelhecida. Pareciam pálidos e magros de fome. As túnicas empapadas de suor grudavam nas canelas; a poeira da estrada se acumulava nos rostos. Aqueles hebreus estavam para o sofisticado Egito assim como caipiras estão para a Times Square, em Nova York. Quando chegou a vez dos irmãos de pedir trigo para José, eles não o reconheceram. José já não tinha mais barba, a sua túnica era a de um rei, ele falava em língua egípcia. A maquiagem que cobria o canto dos olhos era negra, como também era negra a peruca que cobria a cabeça como um capacete. Nem passou pela cabeça dos irmãos o fato de estarem diante de um dos caçulas da família.

Pensando que o príncipe não podia entender o hebraico, os irmãos falaram com ele através dos olhos e de gestos, apontando para o estoque de trigo e depois para a boca. Fizeram um gesto para o irmão que trazia o dinheiro, que tropeçou e colocou as moedas em cima da mesa.

Quando José viu a prata, os seus lábios cerraram, o estômago revirou. José havia batizado o seu filho de Deus Me Fez Esquecer, mas aquele dinheiro o fazia se lembrar de tudo. A última vez que vira moedas nas mãos dos filhos mais velhos de Jacó, eles estavam rindo enquanto ele chorava. Aquele dia no poço ele procurou um amigo nesses mesmos rostos, sem encontrar nada. E agora eles ousavam levar dinheiro para ele?

José chamou um servo que falava hebraico para traduzir a conversa. Então José olhou com cara feia para os irmãos: "Agiu como se não os conhecesse, e lhes falou asperamente" (Gênesis 42:7).

Fico imaginando o tom de voz de um segurança do turno da noite sendo acordado no meio de uma soneca. "Quem são vocês? De onde vêm?" Os irmãos então caíram com o rosto colado no chão, trazendo à tona o sonho de infância de José.

— Ah, bem, viemos de estrada acima, lá de Canaã. Talvez você já tenha ouvido falar.

José olhou fundo nos olhos deles.

— Ora, não acredito em vocês. Guardas, prendam estes espiões. Eles estão aqui para se infiltrar em nossa terra.

Os dez irmãos falaram em uníssono:

— Você entendeu errado, Altíssima, Santíssima e Estimada Senhoria. Somos o sal da terra. Pertencemos à mesma família. Este aqui é Simeão. Este é Judá... Somos 12, ao todo. Ou, ao menos, costumávamos ser. "O caçula está agora em casa com o pai, e o outro já morreu" (Gênesis 42:13).

José engoliu em seco ao ouvir aquelas palavras. Era o primeiro relato da família que ouvia em vinte anos. Jacó estava vivo. Benjamim estava vivo. E pensavam que ele, José, estava morto.

— Vamos fazer assim — disse José —, vou deixar um de vocês ir para buscar o irmão que falta. O resto de vocês vai direto para a prisão.

José terminou de falar e mandou acorrentar as mãos dos irmãos. Com um aceno de cabeça, todos foram levados embora. Provavelmente para a mesma prisão em que José passara ao menos dois anos da sua vida.

Que sequência curiosa de eventos. A voz áspera, o tratamento embrutecido. A condenação à prisão. A arrogância na dispensa. Já vimos isso acontecer antes com José e os irmãos, mas os papéis estavam trocados. Da primeira vez, eram eles que conspiravam contra José. Dessa vez, José conspirava contra os irmãos. A fala deles era cheia de raiva. Pois José virou o jogo. Os irmãos o tinham jogado no buraco e ignorado os pedidos de ajuda. Agora era a vez de José tratar os irmãos com frieza.

O que estava acontecendo?

Penso que José estava tentando encontrar novamente um rumo. Esse era o maior desafio da vida dele. A fome, comparada a isso, era muito simples. Ele conseguiu resistir às tentativas da sra. Potifar. Conseguiu lidar com as ordens do faraó. Mas e essa mistura de dor e ódio que surgiu quando ele viu a carne da sua carne e o sangue do seu sangue? José não sabia o que fazer.

Talvez você também não saiba.

A sua família errou com você. A sua infância foi difícil. As pessoas que deveriam ter cuidado de você não cuidaram. Mas, como José, você conseguiu sair dessa. Você conseguiu criar a sua própria vida. Conseguiu até começar a própria família. Você também está feliz por deixar Canaã para trás. Mas Deus não está.

Ele nos dá mais do que pedimos e vai mais fundo do que gostamos. Ele não quer apenas parte do seu coração; ele quer o seu coração inteiro. Por quê? Porque pessoas machucadas machucam outras pessoas. Pense nisso. Por que você perde o controle? Por que você evita o conflito? Por que você tenta agradar todo mundo? Será que esses comportamentos têm a ver com uma ferida aberta no seu coração? Deus quer ajudar você para o seu próprio bem.

E para o bem dos que vêm depois de você. Imagine que José tivesse se recusado a lidar com os irmãos. Que os tivesse dispensado sumariamente. Que tivesse lavado as mãos de toda essa bagunça. O plano de Deus para a nação de Israel dependia da compaixão de José. Havia muita coisa em jogo.

Mas também há muita coisa em jogo na sua vida. Há alguns anos, um grande amigo foi chamado ao necrotério para identificar o corpo do pai, que tinha levado um tiro no meio da noite, disparado pela ex-mulher. O tiro de espingarda fora apenas mais um de uma longa lista de ataques de violência na história daquela família. O meu amigo conta que estava em pé ao lado do corpo do pai quando decidiu: "Isto acaba comigo" (e foi o que aconteceu).

Tome a mesma decisão. Sim, a história da sua família teve capítulos tristes. Mas o seu futuro não precisa repetir o seu passado. O lixo que vem de gerações pode acabar aqui e agora. Você não precisa fazer aos seus filhos o que seus ancestrais fizeram a você.

Fale com Deus sobre todos os escândalos e sobre os maus-caracteres. Convide-o a reviver a traição com você. Deixe tudo às claras. José reencenou a dor que sentiu por um motivo: as revelações levam à cura. Não ore apenas assim: "Senhor, ajude-me a perdoar o meu pai." Dê todos os detalhes: "Deus, o meu pai nunca quis fazer parte da minha vida. Ele não aparecia nem nas minhas festas de aniversário. Eu o odiava por isso." Ou, então: "Todos os dias, quando eu voltava para casa, eu encontrava a minha mãe bêbada, dormindo no sofá. Eu tinha de fazer o jantar, cuidar do meu irmão mais novo e fazer a lição de casa sozinho. Isso não é certo, Deus!"

Eu sei que é difícil. Mas deixe Deus fazer o trabalho dele. Talvez esse processo demore muito tempo. Talvez até uma vida inteira. A dor causada pela família é a mais profunda, porque é provocada ainda na infância pelas pessoas em quem deveríamos confiar. Você era jovem demais para compreender os maus-tratos. Você não sabia como se defender. Além disso, os causadores da sua dor eram muito grandes. Seu pai, sua mãe, seu tio, um irmão mais velho — todos maiores que você, não apenas no tamanho, mas também em autoridade.

Quando julgaram você mal, você acreditou. Todo esse tempo você acreditou em informações erradas. "Você é burro... lerdo... estúpido como o seu pai..." "Você é gorda como a sua mãe..." Décadas depois, essas vozes derrotistas ainda ecoam no seu subconsciente.

Mas não precisa ser assim! "Deixem que Deus os transforme por meio de uma completa mudança da mente de vocês" (Romanos 12:2, NTLH). Permita que Deus substitua o pensamento infantil com a verdade da maturidade (ver 1Coríntios 13:11). Você não é quem disseram que você era. Você é filho de Deus. Você é parte da criação dele. Está prometido para o Céu. Você é parte da família de Deus. Permita que ele coloque você no caminho da reconciliação.

Foi o que José fez. Ele passou por um processo longo e difícil, que ocupou quatro capítulos da Bíblia e pelo menos um ano no calendário, mas no qual José deu o primeiro passo. Um passo cauteloso e hesitante, mas um passo importante. Depois de três dias, José libertou os irmãos da prisão. Ele tornou a jogar duro: "Vão em frente; voltem correndo para... como era mesmo? Kansas? Colorado? Não, Canaã. Podem voltar. Mas quero ver esse irmão caçula de quem vocês falam. Vou manter um de vocês aqui como garantia".

Os irmãos concordaram e, bem na frente de José, relembraram o dia em que o jogaram no poço: "Disseram uns aos outros: 'Certamente estamos sendo punidos pelo que fizemos a nosso irmão. Vimos como ele estava angustiado, quando nos implorava por sua vida, mas não lhe demos ouvidos; por isso nos sobreveio esta angústia'" (Gênesis 42:21).

Eles ainda não sabiam que o príncipe entendia o hebraico. Mas ele entendia tudo. Quando ouviu aquelas palavras, José virou de costas para evitar que os irmãos vissem os seus olhos se encherem de lágrimas. José ficou mudo por alguns instantes, evitando que o nó na garganta se transformasse em um choro impróprio para um oficial. José procurou um canto escuro e chorou. E repetiu o ato por sete vezes.[2] Ele não chorou quando foi promovido por Potifar, nem quando foi coroado pelo faraó, mas chorou como um bebê quando ouviu que os irmãos não haviam se esquecido dele. Quando mandou os irmãos de volta para Canaã, encheu os alforjes deles com trigo. Um ato de graça.

Com esse pequeno ato, no entanto, a cura começou. Se Deus curou aquela família, quem há de dizer que ele não pode curar a sua?

CAPÍTULO 11

A VINGANÇA É BOA, ATÉ QUE...

No ano de 1882, um executivo de Nova York chamado Joseph Richardson era dono de uma faixa estreita de terra na avenida Lexington. O terreno media um metro e meio de comprimento por trinta metros de largura. Hyman Sarner, outro executivo, era dono de um lote de medida padrão adjacente ao pequeno terreno de Richardson. Sarner desejava construir um prédio de apartamentos com vista para a avenida, de modo que ofereceu mil dólares para Richardson vender o terreno estreito. Richardson ficou extremamente ofendido com a proposta e exigiu cinco mil dólares. Sarner recusou a contraoferta e Richardson saiu batendo a porta na cara do outro, chamando-o de sovina.

Sarner concluiu que o terreno permaneceria vazio e orientou o arquiteto do projeto a desenhar o prédio com as janelas voltadas para a avenida. Quando Richardson viu o prédio concluído, decidiu bloquear a vista. Ninguém haveria de desfrutar a vista acima do seu terreno.

Assim, o senhor Richardson, então com setenta anos, construiu uma casa de um metro e meio de comprimento por trinta metros de largura e quatro andares, com duas suítes em cada andar. Terminada a obra, ele se mudou para uma das suítes com a esposa.

Somente uma pessoa conseguia subir as escadas ou passar pelos corredores de cada vez. A maior mesa de qualquer suíte tinha apenas vinte centímetros de largura. Os fogões do lugar eram os menores fabricados na época. Certa vez, um repórter de um jornal cuja cintura era mais avantajada ficou entalado em uma das escadas e, depois de dois inquilinos tentarem empurrá-lo para se soltar, sem sucesso, ele só conseguiu sair daquela situação constrangedora após ficar apenas com as roupas de baixo.

A construção ganhou o apelido de "Casa do Rancor". Richardson passou os últimos 14 anos da sua vida na casa estreita que parecia combinar com a sua cabeça igualmente estreita.[1]

A Casa do Rancor foi posta abaixo em 1915, o que é estranho. Lembro-me bem de ter passado algumas noites lá no ano passado. E também algumas semanas, há alguns anos. Se a memória não me falha, será que não vi você se espremendo para andar pelos corredores dessa casa?

A vingança é um sentimento que constrói uma casa solitária, em que só há espaço para uma pessoa. A vida dos inquilinos dessa moradia se resume a um só objetivo: tornar alguém miserável. E os inquilinos conseguem estragar uma vida: a deles mesmos.

Não é de surpreender que Deus tenha insistido para que não deixemos "que a erva daninha da amargura se espalhe. Uns poucos espinhos podem arruinar um jardim em pouco tempo" (Hebreus 12:15, MSG).

A cura divina consiste em sair da casa do rancor, em sair do mundo apertado do ressentimento para o espaçoso meio da graça, em sair da inflexibilidade para passar ao perdão. Deus faz com que nos movamos para frente ao curar o passado.

Mas será que ele consegue mesmo? Curar toda essa bagunça? Essa história de abuso sexual? Essa raiva crua do pai que abandonou a minha mãe? Esse nojo fervente que sinto toda vez que penso naqueles que me trataram como lixo no passado? Será que Deus consegue curar essa ferida antiga do meu coração?

José fez essas mesmas perguntas. É difícil superar a lembrança de dez irmãos dando um chute no seu traseiro. Eles viraram as costas e não voltaram. Por isso, José fez com que os seus irmãos provassem do próprio remédio. Quando os avistou na fila do trigo, ficou louco com eles. Acusou os irmãos de traição e ordenou que fossem presos. "Tomem isso, canalhas!"

Não é bom saber que José era humano? Ele era tão bonzinho que doía. José suportou a escravidão, conseguiu ser bem-sucedido em uma terra estranha, aprendeu uma nova língua e resistiu à tentação sexual. Ele fora um prisioneiro exemplar e o conselheiro perfeito para o rei. Se alguém o cortasse, ele derramaria um sangue santo. Era de se esperar que, quando visse os irmãos, José dissesse: "Pai, perdoa-lhes, pois não sabem o que estão fazendo" (Lucas 23:34). Mas não foi o que aconteceu. José não fez isso porque perdoar idiotas é a coisa mais difícil do mundo. Somos capazes de dar de comer aos pobres e aconselhar o rei. Ora, poderíamos até decorar o Levítico, se Deus assim pedisse.

Mas...

"Apaziguem a sua ira antes que o sol se ponha" (Efésios 4:26)?

"Livrem-se de toda amargura, indignação e ira, gritaria e calúnia, bem como de toda maldade" (Efésios 4:31)?

"Perdoem como o Senhor lhes perdoou" (Colossenses 3:13)?

Tem certeza, Deus?

Tenho uma amiga cuja mãe fugiu com um vendedor quando a menina tinha apenas seis anos, largando-a com um pai de coração bom, mas que nada sabia de bonecas, vestidos e namoros. Pai e filha tiveram alguns percalços na vida, mas fizeram o melhor que podiam. Não faz muito tempo, a mãe reapareceu e, como um irmão vindo de Canaã, pediu para encontrar a filha, tomar um café e disse: "Sinto muito por ter abandonado você." Agora a mãe está querendo voltar a fazer parte do mundo da filha.

O primeiro pensamento que passou pela cabeça da minha amiga foi: "Então é assim? Quer dizer que eu devo perdoar você?" Parece fácil demais para a mãe. Será que ela não merece provar um pouco daquilo que causou? Talvez alguns anos imaginando se chegará a ver a filha de novo. Ou algumas noites recheadas de dor. Um pouco de justiça. Como é possível conciliar a dor da filha com o mandamento que Deus dá de perdoar? Será que não cabe nenhuma vingança?

Claro que cabe. Na verdade, Deus se importa mais com a justiça do que nós. Paulo nos lembra: "Não retribuam a ninguém mal por mal

[...] nunca procurem vingar-se, mas deixem com Deus a ira, pois está escrito: 'Minha é a vingança; eu retribuirei'" (Romanos 12:17,19).

Nós carregamos a sensação de que o causador do mal vai conseguir escapar pela sombra, seguindo desconhecido e sem punição. Que ele irá escapar e chegar até as ilhas Fiji, onde ficará bebericando *mai tais* em uma praia ensolarada. Não se preocupe; a Escritura diz: "eu [Deus] *retribuirei*", não "eu *talvez* retribuirei." Deus irá executar a justiça em nome da verdade e da integridade. E quanto à história que estamos seguindo? Prepare-se para ver a reviravolta mais surpreendente da história de José.

Depois de três dias, José libertou da prisão todos os irmãos, menos um. Eles voltaram para Canaã para falar com Jacó, agora apenas uma sombra de um homem bem velho. Os irmãos contaram que Simeão ficara no Egito como garantia de que eles retornariam com Benjamim, o caçula da família. Jacó não tinha nada a dizer além de: "Vocês estão tirando meus filhos de mim! Já fiquei sem José, agora sem Simeão e ainda querem levar Benjamim. Tudo está contra mim!" (Gênesis 42:36).

Quanta confusão. Jacó mimava alguns filhos, evitava disciplinar a sua prole, teve várias esposas e, quando ouviu as notícias do aprisionamento de um filho, bancou o coitado. Que *prima donna*. Não é por menos que a família era tão bagunçada.

À medida que continuamos a ler, porém, uma luz surge entre as nuvens. Judá, que antes queria se livrar de José, dá um passo à frente. "Deixa o jovem [Benjamim] ir comigo e partiremos imediatamente, a fim de que tu, nós e nossas crianças sobrevivamos e não venhamos a morrer. Eu me comprometo pessoalmente pela segurança dele; podes me considerar responsável por ele. Se eu não o trouxer de volta e não o colocar bem aqui na tua presença, serei culpado diante de ti pelo resto da minha vida" (Gênesis 43:8-9).

Será que é o mesmo Judá de antes? O mesmo homem que dissera: "Vamos vendê-lo aos ismaelitas" (Gênesis 37:27)? O mesmo irmão que negociou com os mercadores de escravos?

Bem... Sim e não.

Acontece que Judá acabou caindo no seu próprio poço. Depois do sumiço de José, Judá teve três filhos. Ele arranjou para que o mais velho se casasse com uma garota chamada Tamar, mas o filho mais velho morreu. Seguindo o protocolo da época, Judá então fez com que Tamar se casasse com o segundo filho. Este também não teve boa sorte e acabou morrendo. Judá logo concluiu que Tamar era amaldiçoada. Com medo de o terceiro filho ter o mesmo destino dos outros dois, Judá deixou a questão em aberto e Tamar, sem marido.

Depois a mulher do próprio Judá morreu. Tamar ouviu que Judá estava de passagem na cidade onde morava. Ao que parece, Judá não respondia aos e-mails dela, de modo que Tamar decidiu ser criativa. Disfarçada de prostituta, foi até Judá e se ofereceu. Judá mordeu a isca. Ele trocou o colar e o cajado que usava por uma noite de sexo com ela, sem ter ideia de que estava dormindo com a própria nora. (Ah, como a luxúria cega o homem!) Tamar engravidou. Três meses depois, a moça apareceu de novo na vida de Judá como Tamar, ou melhor, como Tamar *grávida*. Judá ficou transtornado e exigiu que ela fosse queimada. Com esse rompante, Tamar mostrou o colar e o cajado de Judá, que percebeu que o filho era dele. Judá fora pego pelo próprio pecado, desgraçado na frente de toda a família.

A vida havia dado uma volta completa. Judá, que enganara Jacó, fora enganado. Judá, que tinha feito uma armadilha para José, tinha caído em uma armadilha. Judá, que ajudou a humilhar José, fora humilhado. Deus deu a Judá a punição que ele merecia, e Judá recuperou o juízo. "Ela é mais justa do que eu", confessou (Gênesis 38:26).

Durante anos, fiquei me perguntando por que a história de Judá havia sido incluída na narrativa de José. Quero dizer, a história dele é uma interrupção. No capítulo 37, vemos o começo da história com os sonhos e o drama de José; depois, o capítulo 38 é dedicado à história de Judá, o enganador, e de Tamar, a falsa prostituta. Dois maridos mortos. Uma viúva astuta. Que história mais esquisita, malcolocada. Mas agora entendo por que é que está ali.

Para que algo de bom acontecesse à família de Jacó, era preciso que algum dos membros do clã amadurecesse. Se não fosse o pai, então um dos irmãos tinha de amadurecer a ponto de assumir a responsabilidade pelos seus atos. Deus produziu essa mudança em Judá. Ele fez com que aquele irmão provasse do próprio remédio, e o remédio funcionou! Judá assumiu a responsabilidade pela família. Foi ele quem convenceu o seu pai, o chefe do clã. Ele estava disposto a assumir a responsabilidade pela segurança de Benjamim e a assumir a culpa, caso algo desse errado. Judá recebeu um chamado sem que José tivesse de erguer um só dedo nem erguer o braço com o punho cerrado.

A vingança pertence a *Deus*. Ele vai, *sim*, exigir a retribuição — quer seja no Dia do Juízo Final, quer seja nesta vida. Qual a moral da história? Deus sempre lida com os Judás. Ele tem o poder de disciplinar o chefe autoritário e de amansar o pai nervoso. Ele tem o poder de fazer o seu ex cair de joelhos e de recobrar o juízo. O perdão não diminui a justiça; pelo contrário, o perdão passa a justiça para as mãos de Deus. É ele que garante a retribuição justa. Quando cabe a nós, fazemos sempre de mais ou de menos. Mas o Deus da justiça sempre tem a prescrição perfeita.

Ao contrário de nós, Deus nunca desiste de ninguém. Nunca. Mesmo depois de termos seguido em frente, Deus está lá, cutucando a consciência, testando as convicções, sempre orquestrando a redenção. Consertar os inimigos? Esse é um trabalho para Deus.

Perdoar os inimigos? Ah, é aí que você e eu entramos em cena. Nós precisamos perdoar. "Apaziguem a sua ira antes que o sol se ponha, e não deem lugar ao diabo" (Efésios 4:26-27). O termo aqui traduzido como *lugar* no versículo é o grego *topos*,[2] o mesmo termo de onde deriva a palavra *topografia*. Ele significa terra, território. Veja que interessante. A raiva fornece um território para o diabo. A amargura convida o diabo a ocupar um espaço no seu coração, convida a alugar um quarto. E ele irá aceitar, acredite, e se mudará para lá, contaminando todo o lugar. Fofocas, calúnias, raiva — sempre que você vir essas coisas, é Satanás reclamando uma cama para si.

Entre com uma ação de despejo. Não dê a ele nem mesmo um dia de aluguel. Em nome de Jesus, ordene que ele faça as malas e caia fora. Dê início ao processo do perdão. Não guarde uma lista de erros cometidos contra você. Ore pelos seus inimigos em vez de conspirar contra eles. Odeie o erro sem odiar quem errou. Tire a atenção do que eles fizeram *para* você e concentre-se no que Jesus fez *por* você. Por mais ultrajante que possa parecer, Jesus morreu por eles também. Se Jesus acredita que eles merecem ser perdoados, então merecem mesmo. Isso faz o ato de perdoar ser mais fácil? Não. Mais rápido? Dificilmente. Sem dor? Para José, pelo menos, não.

Os irmãos retornaram para o Egito com Benjamim. José convidou todos para um jantar. Ele perguntou sobre Jacó e deu uma boa olhada em Benjamim, e todas as dúvidas se dissiparam. "Deus lhe conceda graça, meu filho", disse José, antes de sair correndo da sala para chorar (Gênesis 43:29).

Não demorou muito e ele voltou a comer, beber e se divertir com os seus irmãos. José os dispôs à mesa em ordem de idade. Para Benjamim, ele reservou um tratamento especial. Toda vez que os irmãos eram servidos, Benjamim recebia cinco vezes mais. Todos repararam, mas ninguém disse nada.

Na hora de partir, José carregou os alforjes dos irmãos com comida e escondeu a sua taça real no alforje de Benjamim. Os irmãos mal tinham começado a viagem quando o mordomo de José parou a caravana, procurou nos alforjes e encontrou a taça. Os irmãos rasgaram as roupas (o equivalente, na antiguidade, a arrancar os cabelos) e logo estavam em frente a José, temendo pelas suas vidas.

José não conseguia se decidir! Ele recebera os irmãos, chorara por causa deles, fizera um banquete e depois preparou um golpe. Ele estava em guerra consigo mesmo. Os irmãos tinham retirado a casca da ferida mais antiga e profunda de José. Ele preferia ser enforcado a deixar que os irmãos repetissem o que fizeram. Por outro lado, eles eram a sua família e José preferia ser enforcado a perdê-los mais uma vez.

O perdão vacila assim mesmo. Funciona aos trancos e barrancos, com dias bons e dias ruins. A raiva se alterna com o amor. Uma misericórdia irregular. O progresso alcançado antecede uma curva errada. Um passo para a frente e outro para trás. Mas tudo bem. Quando se trata de perdoar, somos todos amadores. Ninguém tem uma fórmula secreta. Contanto que você esteja tentando perdoar, então estará perdoando. É quando você deixa de tentar que a amargura toma conta.

Continue no caminho do perdão. Você vai passar menos tempo na casa do rancor e mais tempo na casa da graça. Como alguém que já visitou os corredores das duas, posso garantir que você vai amar o espaço disponível na casa da graça.

CAPÍTULO 12

O PRÍNCIPE É O SEU IRMÃO

Você nunca viu uma cena como essa. O jogador de basquete está parado na marca de lance livre. O time dele está perdendo por um ponto e faltam apenas alguns segundos para acabar o jogo. Os jogadores dos dois times estão a postos, prontos para pegar o rebote. O arremessador ajeita a bola nas mãos. A torcida inteira está quieta. As líderes de torcida engolem em seco. Volto a dizer, você nunca viu uma cena igual a essa. Como posso ter tanta certeza? Porque nem o arremessador viu uma cena dessas.

Ele é cego.

Todos os outros companheiros de time enxergam. Todos os jogadores do time adversário também enxergam. Mas Matt Steven, um aluno do ensino médio de uma escola em Upper Darby, na Pensilvânia, não enxerga nada. O irmão dele está debaixo do aro, batendo com uma vara na cesta. Matt ouve, para e ergue a bola para arremessar. Então nos perguntamos: por que motivo um técnico de basquete coloca um garoto cego para arremessar?

Quer a resposta curta? Porque o técnico é o irmão mais velho de Matt.

Porém, a resposta completa começa anos antes, quando Matt nasceu com um descolamento permanente das duas retinas. Matt perdeu a visão do olho esquerdo na quinta série e a visão do olho direito na sexta. Apesar de Matt não enxergar, o seu irmão mais velho tem visão suficiente para eles dois. Joe passou a infância inteira ajudando Matt a fazer o impossível: andar de bicicleta, patinar no gelo e jogar futebol. Quando Joe começou a treinar o time de basquete, passou a levar o irmão mais novo consigo para trabalhar como responsável pelos equipamentos. Matt nunca treina ou joga na equipe. Contudo, com a ajuda de Joe, Matt pratica lances livres todos os dias depois do treino. Muito depois de o time deixar a quadra, os dois ainda estão lá — o mais novo na marca do arremesso, o mais velho debaixo da cesta, batendo a vara contra o aro.

E aconteceu de, nesse jogo, Matt ser escolhido como arremessador dos lances livres. Joe convenceu os árbitros e os oponentes a deixar Matt jogar. Todo mundo pensou que seria uma boa ideia. Mas ninguém podia imaginar que o jogo seria decidido nesse lance.

Até agora, Matt não acertou nenhum dos seis arremessos que tentou. O ginásio está em silêncio. Joe está batendo no aro de ferro com a vara. Nas arquibancadas, a mãe de Matt tenta ficar com a câmera parada. Matt bate a bola no chão, para e arremessa. Cesta! O jogo está empatado! Os gritos dos fãs chegam até o teto do ginásio. A torcida volta a fazer silêncio para que Matt possa ouvir o barulho, e a cena jamais vista se repete. Cesta número dois! O time adversário pega a bola e tenta uma cesta milagrosa, mas erra o alvo. O jogo acaba e Matt é o herói. Todo mundo comemora e grita ao seu redor enquanto ele — o herói — tenta encontrar o caminho até o banco. Adivinhe quem apareceu para ajudar? Acertou. Joe.[1]

Os irmãos mais velhos podem fazer toda a diferença. Os valentões do bairro? O seu irmão mais velho pode proteger você. Esqueceu o dinheiro para o lanche? O irmão mais velho tem para emprestar. Não consegue se equilibrar na bicicleta? Ele ajuda você a se equilibrar. Basta chamar o seu irmão mais velho.

Um *irmãozão*. Maior que você. Mais forte. Mais sábio.

Irmão mais velho. Como ele é da sua família, você é a prioridade dele. Ele tem apenas uma tarefa: ajudar você a passar pelas dificuldades. A passar pelos bairros desconhecidos sem se perder; a passar pela lição de matemática sem fracassar; a passar pelo shopping sem parar em todas as lojas. Os irmãos mais velhos nos ajudam nos momentos difíceis da vida.

Você precisa de um irmão mais velho? Talvez você não esteja tentando acertar a cesta, mas pode ser que esteja tentando viver sozinho, ou tentando fazer amigos, tentando entender os problemas pelos quais está passando. Será que você poderia usar a proteção de um irmão mais forte?

Os filhos de Jacó certamente precisavam. Na cena em que estavam diante de José, eram o retrato completo da pena. Eles haviam sido acusados de roubar a taça de prata. Não eram mais que pastores com a boca amarrada diante de um soberano superpoderoso. Nada tinham para oferecer além de orações, nada tinham a pedir além de ajuda. Judá contou para o príncipe a história da família deles. Contou como o pai estava fraco e velho. Contou como um dos irmãos já havia perecido e como perder Benjamim de certo acabaria por matar o pai. Judá até se ofereceu para ficar no lugar de Benjamim, se aquilo fosse preciso para salvar a sua família. Os irmãos estavam com o rosto colado no chão, implorando por misericórdia, mas acabaram recebendo muito mais.

José ordenou que os cortesãos se retirassem, inclusive os tradutores. "A essa altura, José já não podia mais conter-se" (Gênesis 45:1). Ele enterrou o rosto nas mãos e começou a chorar e soluçar, emocionado. Ele não chorou baixinho, não engoliu o choro. Ele chorou copiosamente. Aquele choro ecoou pelos corredores do palácio; eram soluços catárticos de um homem em um momento de profunda cura. Vinte e dois anos de lágrimas e de provações haviam chegado ao fim. Dentro de José, a raiva duelara com o amor. E o amor saíra vencedor.

Depois José deu a notícia: "Eu sou José! Meu pai ainda está vivo?" (Gênesis 45:3). Onze gargantas engoliram em seco; 22 olhos se arregalaram até ficar do tamanho de um pires. Os irmãos, ainda em profunda genuflexão, não ousaram se mexer. Arriscaram alguns olhares entre si e repetiram aquele nome: "José?" A última lembrança que tinham do irmão mais novo era a de um menino de rosto pálido e aterrorizado que seguia arrastado em direção ao Egito. Os irmãos lavaram as mãos em relação ao menino depois de contar as moedas recebidas. Ele era apenas um adolescente, na época. E agora era um príncipe? Devagar, começaram a erguer a cabeça.

José baixou as mãos. A pintura dos olhos estava borrada pelas lágrimas; o queixo ainda tremia. A voz de José vacilou quando ele tornou a falar: "Por favor, cheguem mais perto." Os irmãos se levantaram. Devagar. Cautelosos. "Eu sou José, seu irmão, aquele que vocês venderam ao Egito!" (Gênesis 45:4).

José pediu para que não tivessem medo. "Deus me enviou para cá. Deus fez isso. Deus está apenas protegendo vocês" (veja Gênesis 45:7). Ou, como diríamos hoje em dia: "Há mais em nossa história do que os olhos são capazes de enxergar".

Mas os irmãos ainda não tinham certeza de quem era aquele homem. Aquele homem que chorava por eles, que os havia mandado buscar... E que se importava com eles.

"Busquem suas famílias", instruiu José, "e voltem para o Egito." Ele prometeu sustentar a todos e selou a promessa com mais lágrimas. Então, José se levantou da cadeira em que estava e jogou os braços sobre o irmão caçula. "Então ele se lançou chorando sobre o seu irmão Benjamim e o abraçou [...]. Em seguida, beijou todos os seus irmãos e chorou com eles. E só depois os seus irmãos conseguiram conversar com ele" (Gênesis 45:14-15).

José os recebeu um por um. Judá, o irmão que tinha tido a ideia de vendê-lo aos mercadores de escravos. Rúben, o primogênito que nem sempre se comportava como irmão mais velho. Simeão e Levi, que causaram tanta violência em Siquém que o pai os chamou de "armas de violência" (ver Gênesis 49:5).[2] Eles que tinham atado as mãos de José e feito pouco caso das súplicas dele. José beijou a todos.

A hostilidade e a raiva desapareceram, derretidas sobre o chão de mármore. José não brigou com eles nem falou contra os seus irmãos. Eles apenas conversaram. "Como está o papai? Rúben, você parece ter ganhado uns quilos. Simeão, como você está de saúde? Levi, você chegou a casar com aquela moça do outro lado dos campos? Tem filhos? Netos?"

Quando o faraó ouviu a notícia sobre os irmãos de José, disse: "Qualquer parente seu também é parente meu." Logo depois, José estava dando roupas e carroças novas para os irmãos. Eles agora eram cidadãos honorários do Egito. Em um primeiro momento, eram párias. No outro, privilegiados.

Foi mais ou menos a essa altura que os irmãos começaram a se dar conta de que não corriam mais perigo. A fome ainda assolava a terra. Os campos ainda estavam devastados. As circunstâncias eram hostis. Mas eles estavam, enfim, salvos. Eles também conseguiram passar por isso. Porque eram homens bons? Não, porque eram uma família. O príncipe era irmão deles.

Ah, que dádiva maravilhosa. Nós também conhecemos a sensação de ter fome. Como os irmãos de José, também passamos por períodos de seca. Épocas em que faltam recursos. Em que as reservas estão esgotadas. Em que não temos energia nenhuma. Já estivemos onde os irmãos de José estiveram.

Também já fizemos o que os irmãos fizeram. Já machucamos aqueles que amamos. Vender um ente querido como escravo? Talvez não. Mas perder a paciência? Confundir as prioridades? Pode apostar que sim. Como os pastores de Berseba, buscamos a ajuda do Príncipe, nosso Príncipe. Perguntamos se ele teria um lugar para nós. Aquilo que os irmãos encontraram na corte de José, podemos encontrar em Jesus Cristo. O Príncipe é nosso irmão.

Essa ideia é nova para você? Ora, você já ouviu Jesus ser descrito como Rei, Salvador e Senhor, mas como Irmão? Aqui estamos usando a linguagem bíblica. Certa vez, Jesus estava falando com os seus seguidores quando a família dele tentou pedir um pouco de atenção. A mãe e os irmãos de Jesus ficaram do lado de fora e mandaram um recado, pedindo para falar com ele. Jesus aproveitou a ocasião para dar uma demonstração de ternura, e "estendendo a mão para os discípulos, disse: 'Aqui estão minha mãe e meus irmãos! Pois quem faz a vontade de meu Pai que está nos céus, este é meu irmão, minha irmã e minha mãe'" (Mateus 12:49-50).

Se você e eu estivéssemos presentes naquele dia, teríamos olhado para a "família" de Jesus e pouco visto o que nos impressionasse. Nenhum dos seguidores dele vinha de berço esplêndido. Ninguém ali tinha os bolsos cheios, nem sangue azul. Pedro tinha a sua arrogância. João tinha um mau gênio. Mateus tinha o passado manchado e os seus amigos boêmios. Como os filhos de Jacó na corte egípcia, pareciam deslocados e sem classe alguma. Mas Jesus não se envergonhava de chamá-los de família. Jesus os reivindicava para si em público. Assim como ele nos reivindica para si. "Ora, tanto o que santifica quanto os que são santificados provêm de um só. Por isso Jesus não se envergonha de chamá-los irmãos" (Hebreus 2:11).

Jesus redefiniu o que era a sua família para incluir todos que chegavam a ele.

A história de José é apenas uma entrada para o prato principal da Bíblia, a história de Jesus. Existe muita similaridade entre os dois. José era o filho favorito de Jacó. Jesus era o amado Filho de Deus (Mateus 3:17). José usava uma túnica multicolorida. Jesus vestiu a sua passagem com muitas maravilhas. José alimentou as nações. Jesus alimentou as multidões. José preparou o seu povo para a fome que viria. Jesus veio para preparar o seu povo para a eternidade. Sob a administração de José, a colheita do trigo floresceu. Nas mãos de Jesus, a água virou o vinho mais nobre e a cesta de pães se transformou em banquete para milhares de pessoas. José conseguiu contornar uma crise provocada pela natureza. Jesus contornou crise após crise. Ele mandou tempestades se acalmarem e ondas abrandarem. Ordenou que cadáveres levantassem, que aleijados dançassem e que mudos cantassem hinos.

E muitas pessoas o odiaram por tudo isso.

José foi vendido por vinte moedas de prata. Jesus foi vendido por trinta. José foi falsamente acusado e jogado em um calabouço. Jesus foi condenado sem motivo algum e pregado à cruz. Os irmãos pensaram que haviam visto José pela última vez. Os soldados que selaram a tumba pensaram o mesmo de Jesus. Mas, depois, José ressurgiu como príncipe. Jesus também. Enquanto os seus assassinos dormiam e os seus seguidores pranteavam, Jesus se ergueu da tumba da morte. Ele se livrou da mortalha e pisou novamente a terra ao raiar do sol de um domingo.

Deus deu a Jesus o que o faraó deu a José: uma promoção até o lugar mais alto. "Deus o levantou da morte e o estabeleceu em um trono, nos altos céus, no governo do Universo — tudo, das galáxias aos planetas, de forma que nenhum nome, nenhum poder está fora do alcance de sua soberania. E isso não é provisório: será assim *para sempre*. Ele está no comando de tudo e tem a palavra final a respeito de tudo" (Efésios 1:20-22, MSG).

Mas a similaridade entre eles para por aí. A vida de José e o seu reinado chegaram ao fim no devido tempo. Mas e Jesus? O Céu jamais verá o trono dele vazio. Jesus está lá nesse mesmo instante. Ele cria as variações climáticas, coordena o calendário, recicla as calamidades — tudo isso com o objetivo de criar momentos como esse em que nós, a família indigna dele, podemos ouvi-lo dizer: "Eu sou Jesus, o seu irmão."

Ele chora só de olhar para você. Mas não são lágrimas de vergonha; são lágrimas de alegria.

Ele está chamando você. "Venham a mim todos os que estão cansados e sobrecarregados, e eu lhes darei descanso" (Mateus 11:28). Ficar a um pé de distância é longe demais. Ele quer que cheguemos ainda mais perto. Todos nós. Nós, que o jogamos no poço. Nós, que o vendemos por dinheiro. Nós, que enterramos as lembranças de tudo que fizemos a ele. "Venham. Venham. Venham."

Jesus se importa com você. José foi falar com o seu rei, Jesus foi falar com o nosso Rei. "Temos um intercessor junto ao Pai, Jesus Cristo, o Justo" (1João 2:1). José deu carroças e roupas aos irmãos. O seu Irmão promete suprir "todas as necessidades de vocês, de acordo com as suas gloriosas riquezas" (Filipenses 4:19).

Confie que ele vai cuidar de você.

Deus está fazendo nesta nossa geração o que ele fez no Egito antigo: redimindo um grupo restante de pessoas. No seu livro final, Deus reitera essa ideia: "Uma grande multidão que ninguém podia contar, de todas as nações, tribos, povos e línguas, de pé, diante do trono e do Cordeiro, com vestes brancas e segurando palmas. E clamavam em alta voz: 'A salvação pertence ao nosso Deus, que se assenta no trono, e ao Cordeiro'" (Apocalipse 7:9-10).

Esse é o sonho que alimenta o coração de Deus. O propósito que ele tem para toda a eternidade é preparar uma família para habitar o seu Reino. "'Porque sou eu que conheço os *planos* que tenho para vocês', diz o SENHOR, '*planos* de fazê-los prosperar e não de lhes causar dano, *planos* de dar-lhes esperança e um futuro'" (Jeremias 29:11).[3] Ah, quanta beleza em ver repetida três vezes a palavra *planos*. Deus está planejando o nosso bem. Ele está planejando o melhor para o nosso futuro com todos esses erros e obstáculos. Cada acontecimento de nossos dias é planejado para nos trazer mais perto de Deus e do nosso destino.

Conforme o grau em que acreditamos e aceitamos a visão que ele tem para a nossa vida, conseguiremos passar por tudo isso. Quando nos jogarem no poço, ficaremos em pé. *Deus pode usar isso para fazer o bem.* Quando alguém da família nos vende, tornamos a ficar em pé. *Deus irá transformar essa dor.* Você foi acusado falsamente? Preso injustamente? Completamente abandonado? Podemos até tropeçar, mas sem nunca cair. Por quê? "[Deus] faz todas as coisas segundo o propósito da sua vontade" (Efésios 1:11). *Todas as coisas* significa absolutamente tudo. Sem exceções. Tudo na sua vida está acontecendo para levar a um clímax em que Jesus irá reconciliar "consigo todas as coisas, tanto as que estão na terra quanto as que estão no Céu, estabelecendo a paz pelo seu sangue derramado na cruz" (Colossenses 1:20).

No momento certo, no tempo de Deus, você será levado de volta para a sua casa em Canaã. Mas, até lá, fique ao lado do seu Irmão.

Depois daqueles arremessos, Matt Steven se tornou o herói da escola. Todos queriam conhecê-lo. Fiquei sabendo que ele estava pensando até em convidar uma garota para o baile de formatura. Coisas maravilhosas acontecem quando um irmão mais velho ajuda.

Você vai sair dessa. Não porque você é forte, mas porque o seu Irmão é. Não porque você é bom, mas porque o seu Irmão é. Não porque você é grande, mas porque o seu Irmão mais velho é o Príncipe, e ele tem um lugar reservado para você.

CAPÍTULO 13

DIGA ADEUS ÀS DESPEDIDAS

John Glenn sabe como pilotar um jato. Ele tem no currículo 59 missões completadas na Segunda Guerra Mundial e noventa missões completadas na Guerra das Coreias. Ele sabe como voar em alta velocidade. John Glenn foi o primeiro piloto a conseguir pilotar na velocidade média supersônica em um voo transcontinental. Ele também sabe como pilotar no espaço. Em 1962, se tornou o primeiro norte-americano a orbitar a Terra.[1] E John Glenn também sabe como vencer uma eleição. Ele foi senador dos Estados Unidos de 1974 a 1999.

John Glenn pode fazer muitas coisas. Ele sabe fazer discursos, liderar comitês, inspirar plateias e escrever livros. Não obstante, apesar de todas essas realizações, existe uma coisa que nunca conseguiu dominar. Ele nunca aprendeu a dizer adeus à esposa.

Os dois se conheceram ainda na infância e cresceram juntos em New Concord, no estado americano de Ohio. Apesar de ter conquistado a fama, John diria que a verdadeira heroína da família era a garota com quem se casou em 1943.

Annie sofria de uma gagueira tão grave que 85% dos esforços que fazia para falar resultavam em fracasso. Ela não conseguia falar ao telefone, nem pedir comida em um restaurante ou dar instruções aos taxistas. A simples ideia de pedir ajuda em uma loja de departamentos a intimidava. Annie preferia vagar pelos corredores, relutando em abrir a boca. Ela vivia com medo de sofrer uma crise familiar porque não sabia se conseguiria ligar para a emergência caso algo acontecesse.

De tudo isso, vinha a dificuldade do casal em dizer *adeus*. John não conseguia suportar a ideia da separação. Assim, o casal acabou desenvolvendo um código próprio. Toda vez que ele recebia uma missão ou que precisava viajar, os dois se despediam da mesma maneira. "Vou dar um pulinho na esquina para comprar chicletes", ele dizia. "Não demore", ela respondia. E lá ia John para o Japão, para a Coreia, para o espaço.

A fala de Annie melhorou com o tempo. As intensas sessões de terapia ajudaram a definir a sua pronúncia e também aumentaram a sua confiança. Mesmo assim, *adeus* era a única palavra que o casal não conseguia dizer um para o outro. Em 1998, o então senador Glenn se tornou o astronauta mais velho da história. Ele voltou ao espaço a bordo da nave *Discovery*. Na ocasião da partida, John disse para a esposa: "Vou dar um pulinho na esquina para comprar chicletes." Mas dessa vez terminou a frase dando à mulher um presente: um pacote de chicletes que ela guardou em um bolso perto do coração até que John voltasse para casa.[2]

Adeus. Uma palavra que ninguém quer dizer. Nem a esposa de um astronauta, nem a mãe de um filho em idade pré-escolar, nem o pai da noiva. Nem um marido de uma esposa convalescente, nem uma esposa em um necrotério.

Principalmente essa esposa. A morte é a despedida mais difícil de todas. Escrevo estas palavras com a lembrança ainda fresca da dor que é dizer adeus. A nossa igreja passou por cinco funerais nos últimos sete dias, incluídos aí o enterro de um bebê e a despedida de uma amiga de 94 anos. A dor desses eventos cobrou o seu preço de mim. Peguei-me vagando, infeliz, triste. Então repreendi a mim mesmo: "Vamos lá, Max. Supere essas perdas. A morte faz parte da natureza da vida."

Depois, porém, me corrigi: "Não, não faz." Um nascimento faz parte. Respirar faz parte. Risadas, abraços afáveis e beijos de boa-noite fazem parte da vida. Mas a morte? Não fomos criados para dizer adeus. O plano original de Deus não previa despedidas — não previa um último suspiro, um último dia, uma última batida do coração.

A morte é uma intrusa, intrometida, um desenho de palitinhos no meio do Louvre. Ela não se encaixa. Por que é que Deus daria um amigo de pescaria e depois o tomaria de volta? Por que ele preencheria o berço e depois o esvaziaria? Por mais que você tente justificar, dizer adeus nunca parece algo certo.

Jacó e José viviam ambos sob a sombra do *adeus*. Quando os irmãos mentiram sobre a morte de José, entregaram a Jacó uma túnica encharcada de sangue. Disseram que uma besta tinha levado o corpo embora. Jacó ruiu de tristeza. "Então Jacó rasgou suas vestes, vestiu-se de pano de saco e chorou muitos dias por seu filho" (Gênesis 37:34).

Jacó chorou até as lágrimas formarem um oceano, até a sua alma secar. As duas pessoas a quem ele mais amava tinham partido. Raquel estava morta. José estava morto. Jacó, ao que parece, também tinha morrido. "Todos os seus filhos e filhas vieram consolá-lo, mas ele recusou ser consolado, dizendo: 'Não! Chorando descerei à sepultura para junto de meu filho'. E continuou a chorar por ele" (Gênesis 37:35).

José vivia com essa mesma dor. Duas décadas haviam se passado. Ele não tinha notícias de casa. Aniversários, feriados, primaveras. Jacó nunca esteve ausente dos pensamentos de José.

No momento em que revelou a sua identidade para os irmãos, José perguntou: "Meu pai ainda está vivo?" (Gênesis 45:3).

Pergunta número um: "Como está meu pai?" Prioridade número um: uma reunião familiar. José pediu para que os irmãos se preparassem, partissem e voltassem com toda a família.

> José lhes providenciou carruagens, como o faraó tinha ordenado, e também mantimentos para a viagem. A cada um deu uma muda de roupa nova, mas a Benjamim deu trezentas peças de prata e cinco mudas de roupa nova. E a seu pai enviou dez jumentos carregados com o melhor do que havia no Egito e dez jumentas carregadas de trigo, pão e outras provisões para a viagem. Depois despediu-se dos seus irmãos e, ao partirem, disse-lhes: "Não briguem pelo cami-

nho!" Assim partiram do Egito e voltaram a seu pai Jacó, na terra de Canaã. (Gênesis 45:21-25)

Os filhos de Jacó voltaram para Canaã cheios de estilo. As túnicas surradas e os jumentos magricelas ficaram para trás. Agora eles dirigiam picapes novas em folha, abarrotadas de presentes. Vestiam jaquetas de couro e botas de couro de crocodilo. As esposas os avistaram longe, no horizonte. "Vocês voltaram! Vocês voltaram!" Foi uma festa de abraços e tapinhas nas costas.

Então Jacó saiu da sua casa. Os chumaços de cabelo ralos e grisalhos tocavam os ombros. A cabeça pendia para frente. O seu rosto estava curtido como couro. Ele cerrou os olhos ao avistar os filhos e toda aquela carga sob a luz do sol. Ele estava prestes a perguntar de onde é que eles tinham roubado tudo aquilo, quando um dos filhos falou de repente: "'José ainda está vivo! Na verdade ele é o governador de todo o Egito.' O coração de Jacó quase parou! Não podia acreditar neles" (Gênesis 45:26).

O velho homem levou a mão ao peito. Jacó precisava se sentar. Lia trouxe um pouco de água e olhou para os filhos como se avisasse que era melhor que não estivessem brincando assim com o pai. Mas não se tratava de brincadeira alguma. "Quando lhe relataram tudo o que José lhes dissera, e vendo Jacó, seu pai, as carruagens que José enviara para buscá-lo, seu espírito reviveu" (Gênesis 45:27).

A tristeza tinha sugado até a última gota de alegria de Jacó. Porém, quando os seus filhos repetiram o que José tinha dito, quando contaram que ele havia perguntado sobre o pai, como tinha chamado todos para ir ao Egito, o espírito de Jacó reviveu. Ele olhou para as carroças e as roupas e entendeu que eram provas. Jacó então reparou em todos os sorrisos de confirmação e os acenos positivos dos filhos e, pela primeira vez em mais de vinte anos, o velho patriarca começou a acreditar que tornaria a ver o filho predileto.

Os olhos dele brilharam e os seus ombros retesaram. "E Israel disse: 'Basta! Meu filho José ainda está vivo. Irei vê-lo antes que eu morra'"

(Gênesis 45:28). Sim, o narrador chama Jacó pelo seu outro nome (veja Gênesis 32:28), tal é o poder da promessa de uma reunião familiar. É algo que transforma. Que leva da tristeza à esperança. Da solidão ao anseio. De um eremita a um peregrino. De Jacó (aquele que segura pelo calcanhar) a Israel (príncipe de Deus).

"Israel partiu com tudo o que lhe pertencia. Ao chegar a Berseba, ofereceu sacrifícios ao Deus de Isaque, seu pai" (Gênesis 46:1). Na época, Jacó estava com 130 anos. Há tempos a sua juventude passara. Ele mancava e as juntas doíam. Mas nada poderia impedi-lo de ver o seu filho. Jacó apanhou a bengala e deu a ordem: "Arrumem tudo! Estamos indo para o Egito."

Aqui o texto usa uma lente grande-angular e nos dá uma vista aérea de todo o clã migrando. Com um efeito de censo, o narrador menciona cada membro da família pelo nome: filhos, esposas, crianças. Ninguém fica para trás. Todo o bando de 64 pessoas se põe a viajar.

E que viagem! Pirâmides. Palácios. Plantações irrigadas. Silos. Eles nunca tinham visto algo igual. Então, chega o momento pelo qual todos estavam esperando: um vasto flanco de carruagens reais aparece no horizonte. Carruagens, cavalos e a Guarda Imperial.

Conforme a comitiva se aproximava, Jacó se inclinou para frente para enxergar melhor o homem na carruagem central. Quando avistou o seu rosto, Jacó sussurrou: "José, meu filho."

Do outro lado, José também se inclinou na carruagem. Ele pediu para o condutor apressar o cavalo. Quando os dois lados se encontraram no meio da planície, o príncipe não hesitou. Descendo da carruagem, José correu em direção ao pai. "Assim que o viu, correu para abraçá-lo e, abraçado a ele, chorou" (Gênesis 46:29).

As formalidades foram dispensadas. Os protocolos foram quebrados. José enterrou o rosto no ombro do pai e "chorou longamente" (Gênesis 46:29). Enquanto as lágrimas umedeciam a roupa do pai, ambos prometeram jamais dizer adeus um ao outro de novo.

Adeus. Para algumas pessoas, essa palavra é um grande desafio. Passar por essa palavra significa encarar a solidão repleta de raiva, encarar a dor que extenua. Significa dormir sozinho em uma cama de casal. Significa andar pelos corredores de uma casa silenciosa. Significa pegar-se chamando o nome dele ou tentando alcançar a mão dela. Como aconteceu com Jacó, a separação pode fazer o seu espírito ficar exausto. Você sente como se estivesse de quarentena, isolado. O resto do mundo seguiu em frente; você luta para fazer o mesmo. Mas você não consegue; você não consegue dizer adeus.

Se você não consegue fazer isso, tenha coragem. Deus já deu o aviso. Todas as despedidas estão apenas esperando o relógio. Elas estão passando como grãos de areia em uma ampulheta. Se existe um calendário na sala do trono, então existe um dia que está circulado em tinta vermelha e destacado em amarelo. Deus já decretou uma reunião familiar.

> O Senhor mesmo dará o comando. Será um trovão do Arcanjo! O toque da trombeta de Deus! Ele descerá do Céu, e os mortos em Cristo vão ressuscitar — eles vão primeiro. Então, o resto de nós, os que ainda estiverem vivos, será reunido com eles nas nuvens para o encontro com o Senhor. Oh, vamos caminhar no ar! Será uma imensa reunião familiar com o Senhor. Por isso, encorajem uns aos outros com essas palavras. (1 Tessalonicenses 4:16-18, MSG)

Esse dia não será um dia qualquer. Será o Grande Dia. O arcanjo irá inaugurar os serviços com o toque da trombeta. Milhares e milhares de anjos aparecerão no Céu (Judas 14,15). Os cemitérios e os mares irão devolver os seus mortos. "Cristo [...] aparecerá uma segunda vez, não para tirar o pecado, mas para trazer salvação aos que o aguardam" (Hebreus 9:28).

A segunda vinda do Cristo será o único evento testemunhado por toda a humanidade. "Todo olho o verá" (Apocalipse 1:7). Moisés estará olhando. Napoleão irá se virar para ver. Os olhos de Martinho Lutero e de Cristóvão Colombo vão ficar arregalados. Como os olhos dos déspotas que habitam o inferno. E dos mártires do paraíso. De Adão até o bebê que nascerá ao soar da trombeta, todos irão testemunhar esse momento.

No entanto, nem todos irão desejar esse acontecimento. "Pessoas desprevenidas de todo o mundo começarão a chorar diante do esplendor do Filho do Homem no Céu" (Mateus 24:30, MSG). Assim como o livro do Gênesis dá uma lista da família de Jacó, o Livro da Vida faz uma lista da família de Deus. Ele irá chamar o nome de cada pessoa que aceitou o seu convite. Deus irá acatar o pedido daqueles que o recusaram e os dispensará por toda a eternidade. Então ele irá abençoar o desejo daqueles que o aceitaram e juntará todos para uma reunião familiar.

E que reunião vai ser! "Ele enxugará dos seus olhos toda lágrima" (Apocalipse 21:4). O primeiro ato de Deus será passar o dedo pelo rosto de cada um dos seus filhos, como se dissesse: "Pronto, pronto... Chega de lágrimas." Nossa longa caminhada chegará ao fim. Você vai poder ver Deus.

E você vai poder ver *todo mundo*. Não é por isso que esperamos? "Será uma imensa reunião familiar com o Senhor. Por isso, encorajem uns aos outros com essas palavras" (1Tessalonicenses 4:17,18, MSG).

Steven Curtis Chapman e Mary Beth, a sua esposa, estão contando com essa promessa. Em maio de 2008, a filha deles, de cinco anos, morreu em um acidente de carro. Como Steven é um cantor cristão amado e conhecido mundo afora, palavras de apoio e de esperança surgiram de todas as partes do globo. Cartas, e-mails, telefonemas. Os Chapman foram inundados com mensagens de bondade. Mas uma conversa em particular serviu para dar forças a Steven. O pastor Greg Laurie, que também tinha perdido um filho em um acidente de carro, disse para Steven: "Lembre-se de que o futuro ao lado da sua filha Maria será infinitamente maior do que o passado sem ela".[3]

A morte parece levar muita coisa embora. Acabamos enterrando não só um corpo, mas também um casamento que nunca aconteceu, os anos dourados que jamais conhecemos. Nós enterramos sonhos. Mas, no Céu, todos esses sonhos serão verdade. Deus prometeu que ele "restaurará todas as coisas" (Atos 3:21). "Todas as coisas", inclusive os relacionamentos.

Colton Burpo tinha apenas quatro anos quando sobreviveu a uma apendicectomia de emergência. Os pais de Colton ficaram extremamente aliviados com o resultado, mas logo depois acabariam chocados com as histórias que ele contava. Nos meses que se seguiram, Colton passou a falar da sua visita aos céus. Ele descreveu exatamente o que os pais estavam fazendo durante a cirurgia e contou histórias de pessoas que havia conhecido no Céu — pessoas que ele nunca conhecera e das quais nunca tinha ouvido falar. No livro *Heaven Is for Real*, o pai de Colton conta sobre o episódio em que o filho de quatro anos diz para a mãe: "Um bebê morreu na sua barriga, não morreu?"

Os pais de Colton nunca haviam falado do aborto espontâneo para o filho. Ele era jovem demais para entender. A emoção tomou conta do rosto da mãe.

— Quem contou a você que um bebê morreu dentro de mim? — perguntou Sonja com um tom de voz sério.
— Ela me contou, mamãe. Ela disse que morreu na sua barriga...
Um pouco nervoso, Colton [...] voltou a falar com a mãe, dessa vez tomando mais cuidado.
— Não tem problema, mamãe — disse ele. — Ela está bem. Deus a adotou.
Sonja escorregou pelo sofá e ajoelhou na frente de Colton para poder olhar nos olhos dele.
— Será que você não quis dizer que Jesus a adotou? — perguntou.
— Não, mamãe. Foi o Pai dele! [...]
Os olhos de Sonja brilharam, e ela perguntou:
— Qual era o nome dela? Qual era o nome da menininha?
— [...] Ela não tem um nome. Vocês não deram um nome para ela.

Os pais de Colton estavam chocados. Não havia como Colton saber de tudo aquilo.

Mas ele tinha mais uma lembrança, que contou aos pais antes de sair para brincar:

— Ela disse também que mal pode esperar para você e o papai chegarem no Céu".[4]

Alguém no Céu está dizendo a mesma coisa sobre você. O seu avô, talvez? A sua tia? Um filho? Eles estão esperando pelo dia em que a família de Deus irá se reunir. Será que não devemos fazer o mesmo? "Portanto, também nós, uma vez que estamos rodeados por tão grande nuvem de testemunhas, [...] corramos com perseverança a corrida que nos é proposta" (Hebreus 12:1). Bem acima de nós, há uma multidão de testemunhas. Elas são os Abraões, os Jacós e os Josés de todas as gerações e de todas as nações. Eles já completaram os seus próprios ciclos e agora testemunham a corrida dos seus descendentes, se não físicos, ao menos espirituais. "Ouçam atentamente", diz a passagem, "e vocês ouvirão uma multidão dos filhos de Deus os empurrando para frente." "Corra!", eles gritam. "Corra! Você vai sair dessa!"

Na nossa última casa, não ouviremos nenhum *adeus*. Vamos falar sobre o Bom Livro e nos lembrar da boa fé, mas *adeus*? Nunca mais.

Permita que essa promessa transforme você. De alguém arquejado a alguém que busca, de alguém que lamenta a alguém com esperança. De um habitante da terra das despedidas a um habitante da terra das boas-vindas. O Príncipe já decretou a festa de retorno ao lar. Vamos reunir nossa equipe e viajar na direção dele.

CAPÍTULO 14

MANTENHA A CALMA E SIGA EM FRENTE

—Está vendo aquele buraco no céu?

Inclinando-me para a frente, segui com os olhos a direção apontada pelo dedo do taxista. Ele era um cara imenso chamado Frank. O seu pescoço era largo demais para o colarinho da sua camisa e as mãos, gordas demais para conseguir envolver o volante. Ele apontou pelo para-brisa na direção da floresta de edifícios conhecida como Baixa--Manhattan.

— É ali que as torres costumavam ficar.

Ele percebeu que eu não conseguia encontrar o tal lugar.

— Está vendo aquele buraco à esquerda do prédio em espiral? Três dias atrás, aquilo era o World Trade Center. Eu o via todos os dias depois de atravessar a ponte. Era uma imagem imponente. Na primeira manhã em que entrei na cidade e não vi as torres, liguei para a minha esposa e chorei.

Para chegar até o epicentro das atividades que aconteciam ali, tivemos de passar por várias camadas de inatividade. Ambulâncias vazias se perfilavam pelo caminho. Entes queridos se misturavam do lado de fora do Family Care Center [Centro de Cuidados Familiares], onde o navio *Comfort*, uma embarcação-hospital, estava ancorado. Todos ali estavam esperando. Mas cada segundo que passava levava consigo um grão de esperança.

Três postos de controle depois, o táxi estacionou e concluí a pé o quilômetro que faltava. Uma semana antes, essas ruas estavam repletas de ternos, telefones celulares e cotações das bolsas. Mas, naquele dia, a calçada estava enlameada e o ar denso e carregado de fumaça. Resolvi não pensar muito sobre o que estava respirando.

Eu não esperava ver fogo. Apesar da chuva e dos caminhões de água, as chamas ainda dançavam. Eu jamais conseguiria imaginar todo o desastre que se espalhava ao redor. Vários prédios da vizinhança estavam devastados. As janelas intactas eram raras de se ver. O hotel da rede Marriott bem ao lado das torres fora estripado pela cabine de um avião. Fosse em qualquer outro dia, aquela cena teria sido capa de todas as revistas.

Porém, acima de tudo, eu não esperava todo aquele torpor. Não nas pessoas, não em mim. Um grupo de bombeiros em trajes amarelos, cerca de 12, passou marchando por nós. Uma quantidade igual deles vinha na mesma direção em que seguíamos. Hora da mudança de turno. Os que estavam chegando pareciam desgostosos. Os que saíam, mais ainda; os seus rostos pareciam férreos como as vigas que sepultavam os seus companheiros.

A minha reação não era muito diferente. Não havia lágrimas. Não havia nó na garganta. Apenas o torpor. "Milhares de pessoas estão ali embaixo", disse para mim mesmo. Mas eu só conseguia olhar. A tragédia falava uma língua que eu nunca tinha estudado. Eu meio que esperava — mais que isso, eu desejava — que alguém gritasse: "Silêncio, estamos gravando!" e que atores começassem a correr debaixo das ruínas. Mas os guindastes não carregavam câmeras, apenas concreto.

Naquela mesma noite, mais tarde, falei com um policial que fazia a segurança do Family Care Center. Ele estava ao lado da parede de madeira compensada que servia como mural de fotos — algo como um muro das lamentações — em que parentes pregavam fotografias e esperanças. Pedi que ele me descrevesse as expressões faciais das pessoas que paravam para olhar as fotos.

— Nulas — disse ele. — Nulas.

— Elas não choram?

— Elas não choram.

— E você, você já chorou?

— Ainda não. Eu só engulo o choro.

A descrença, para muitos, era a droga escolhida para lidar com aquilo. Acho que conseguimos entender. As calamidades nos fazem perder o equilíbrio, mergulhar em confusão.

Vamos pensar a respeito da crise ocorrida na geração de José. "Não havia mantimento em toda a região, pois a fome era rigorosa; tanto o Egito como Canaã desfaleciam por causa da fome" (Gênesis 47:13).

No período em que José se esforçava para se reconciliar com os irmãos, o mundo estava passando por uma catástrofe. A última gota de chuva caíra dois anos antes. O céu era de um azul infinito e o sol de um calor inclemente. Carcaças de animais se amontoavam no chão, e o horizonte não trazia quaisquer esperanças. A terra era um mar de poeira. A ausência de chuvas significava ausência de plantação, o que significava ausência de comida. Quando o povo apelou para a sua ajuda, o faraó respondeu: "Dirijam-se a José e façam o que ele disser" (Gênesis 41:55).

José enfrentava uma calamidade de proporções globais.

Vamos comparar a descrição do problema com o que dele resultou. Anos se passaram e o povo disse a José: "Meu senhor, tu nos salvaste a vida. Visto que nos favoreceste, seremos escravos do faraó" (Gênesis 47:25).

O povo permaneceu calmo. Uma sociedade que tinha maturidade para suportar a tormenta agradeceu ao governo em vez de atacá-lo. Fico pensando se José chegou a ministrar um curso de gerenciamento da crise. Se sim, é provável que tenha incluído as palavras que dirigiu aos irmãos: "Foi para salvar vidas que Deus me enviou adiante de vocês. Já houve dois anos de fome na terra, e nos próximos cinco anos não haverá cultivo nem colheita. Mas Deus me enviou à frente de vocês" (Gênesis 45:5-7).

José começou e terminou a avaliação da crise fazendo referência a Deus. Deus precedeu a fome. Deus iria superar a fome. Deus estava lá, o tempo todo, durante a fome. "Deus... Fome... Deus."

Como você descreveria a sua crise?

"A economia... A economia... A economia... A economia."

"O divórcio... O divórcio... O divórcio... O divórcio."

"A minha mulher mal-humorada... A minha mulher mal-humorada... A minha mulher mal-humorada... A minha mulher mal-humorada."

Você recita as suas dores mais naturalmente do que fala sobre a força do Céu? Em caso afirmativo, não me espanto de ouvir você dizer que a vida é dura. Você está presumindo que Deus não está no meio dessa crise.

Mas ele está. Até mesmo a fome fazia parte do propósito de Deus.

Não faz muito tempo, fui tomar café da manhã com um amigo. Grande parte da nossa conversa girou em torno da saúde do filho dele de 14 anos. Sete anos antes, fora localizado um tumor atrás do baço do garoto. A descoberta levou a vários meses de quimioterapia e de orações intensas. Mas o filho se recuperou; agora, ele joga futebol americano pela escola e a clínica de tratamento do câncer não passa de uma lembrança remota.

A descoberta do tumor foi a parte que achei mais fascinante. O menino tinha apenas sete anos e estava brincando com os primos. Um deles, acidentalmente, acertou um chute no estômago do outro. A dor aguda fez com que o garoto fosse parar no hospital. Um médico atento pediu a realização de vários exames, que levaram o cirurgião a descobrir e a remover o tumor. Depois da remoção do câncer, o pai perguntou ao médico há quanto tempo o tumor estava lá. Apesar de ser impossível saber com certeza, o formato e o tamanho do tumor indicavam que ele não tinha mais de dois ou três dias.

"Então quer dizer", disse eu, "que Deus usou um chute no estômago para mostrar que o seu filho precisava de tratamento?"

Também conheço a história de Isabel. Isabel passou os primeiros três anos e meio da sua vida em um orfanato na Nicarágua. Sem pai, sem mãe. Sem esperança alguma. Para os órfãos, as chances de adoção diminuem com o passar do tempo. Cada mês que passava, as chances de Isabel encontrar um lar diminuíam.

Foi então que uma porta fechou nos seus dedos. Isabel brincava correndo atrás das outras crianças no jardim quando uma porta fechou na sua mão. A dor irradiou braço acima e os gritos da menina ecoaram pelo quintal. Pergunta: por que motivo Deus deixaria isso acontecer? Por que um Deus benevolente e onipotente permitiria que uma garotinha com tantos desafios na vida sentisse ainda mais dor?

Talvez ele estivesse chamando a atenção de Ryan Schnoke, o futuro pai norte-americano de Isabel, que estava em um quintal vizinho. Ryan e a mulher, Cristina, estavam tentando adotar um filho havia meses. Não havia um adulto por perto para ajudar Isabel, então Ryan foi até ela, apanhou a menina, cuidou dela e lhe deu um pouco de carinho.

Meses depois, quando Ryan e Cristina estavam prestes a desistir, Ryan lembrou-se de Isabel e decidiu tentar mais uma vez. Dessa vez, a adoção foi bem-sucedida. Hoje, a pequena Isabel está crescendo em um lar feliz e saudável.

Um chute no estômago?

Um dedo na porta?

Deus não cria a dor, mas ele certamente a emprega para fazer o bem. "Deus [...] é o bendito [...] Senhor dos senhores" (1Timóteo 6:15). Os caminhos dele são mais altos que os nossos (Isaías 55:9); o seu juízo é insondável e os seus caminhos inescrutáveis (Romanos 11:33). Nem sempre conseguimos entender o que Deus está fazendo, mas será que não podemos presumir que está fazendo o bem? Foi o que José fez. Ele compreendeu que Deus estava no meio da crise.

Assim, José enfrentou a crise com um plano. Ele juntou o trigo durante os anos de fartura e o distribuiu nos tempos de penúria. Quando o povo esgotou a comida, ele trocou o trigo por dinheiro, depois por animais e então por propriedades. Após estabilizar a economia, José deu uma lição de administração para o povo. "Vocês darão a quinta parte das suas colheitas ao faraó. Os outros quatro quintos ficarão para vocês como sementes para os campos e como alimento para vocês" (Gênesis 47:24).

Aquele plano cabia em um papel do tamanho da palma da mão. "Poupe por sete anos. Distribua por sete anos. Administre com cuidado." Será que a solução dele poderia ser mais simples que isso?

Será que podia ser mais tediosa?

Seria interessante ver algo extraordinário. Talvez um pouco do mar Vermelho se abrindo, talvez um pouco da muralha de Jericó ruindo, talvez até presenciar um ex-morto como Lázaro caminhando. Uma crise dramática requer uma solução dramática, certo? Nem sempre.

Nós tendemos a igualar a espiritualidade com certa carga dramática: Paulo revivendo os mortos, Pedro curando os enfermos. Contudo, para cada Paulo e para cada Pedro existem dúzias de Josés: homens e mulheres com habilidade para administrar. Mãos firmes, por meio das quais Deus salva as pessoas. José nunca reviveu morto algum, mas impediu que pessoas morressem. Ele jamais curou um enfermo, mas não permitiu que a doença se espalhasse. Ele elaborou um plano e o seguiu à risca. E, porque fez isso, a nação toda sobreviveu. Ele triunfou por causa de um plano calmo e metódico.

Nos dias que antecederam a guerra contra a Alemanha, o governo britânico produziu uma série de pôsteres. A ideia consistia em imprimir *slogans* de incentivo em cartazes e espalhá-los por todo o país. Os pôsteres usavam apenas letras maiúsculas com uma tipografia característica em um formato bicolor. O único símbolo gráfico presente era a coroa do rei George VI.

O primeiro pôster foi distribuído em setembro de 1939 e se lia:

SUA CORAGEM

SUA ANIMAÇÃO

SUA FIRMEZA

IRÁ NOS TRAZER A VITÓRIA

Logo depois, um segundo pôster foi produzido:

A LIBERDADE ESTÁ EM PERIGO
DEFENDA-A COM TODAS AS SUAS FORÇAS

Esses dois pôsteres estavam em todos os lugares na Grã-Bretanha: em plataformas de trens e em *pubs*, nas lojas e nos restaurantes. Em todo lugar. Um terceiro pôster foi produzido, mas acabou não sendo distribuído. Mais de dois milhões e meio de cópias foram impressas, mas tais cópias permaneceram ocultas até cerca de sessenta anos atrás, quando o dono de uma livraria no nordeste da Inglaterra descobriu um desses pôsteres em uma caixa de livros velhos que tinha comprado em leilão. O terceiro pôster trazia a mensagem:

MANTENHA A CALMA
E SIGA EM FRENTE

Esse pôster tinha a mesma coroa e o mesmo estilo dos dois anteriores. Mesmo sem jamais ter sido levado a público, o pôster fora reservado para uma situação de crise extrema, como no caso de uma eventual invasão alemã. O dono da livraria então enquadrou o pôster e o pendurou na parede. O pôster se tornou tão popular que a livraria passou a reproduzir aquela imagem em xícaras, cartões-postais e pôsteres. Todo mundo, ao que parece, apreciava o recado deixado pela geração anterior que pedia para manter a calma e seguir em frente.[1]

De todos os heróis da Bíblia, José é o que mais possivelmente teria pendurado uma cópia desse pôster na parede do seu escritório. José vivia no mundo dos livros de contabilidade, dos fluxos de caixa, dos relatórios anuais, das planilhas e dos cálculos. Dia após dia. Mês após mês. Ano após ano. José mantinha a cabeça tranquila e seguia em frente.

Você pode fazer o mesmo. É claro que não pode controlar o clima. Você também não está no comando da economia. Não tem o poder para desfazer um *tsunami* nem o dano de uma batida de carro, mas você pode traçar uma estratégia. Lembre-se de que Deus está no meio da crise. Peça que ele lhe dê um papel do tamanho da palma da mão com um plano, contendo dois ou três passos que você possa realizar hoje mesmo.

Busque o aconselhamento de alguém que já passou por um desafio parecido. Peça que os seus amigos orem por você. Tente encontrar recursos que o ajudem. Busque a experiência de um grupo de apoio. Mas, acima de tudo, trace um plano.

O guru da administração Jim Collins tem um bom conselho a esse respeito. Ele e Morten T. Hansen pesquisaram o tema da liderança em tempos turbulentos. Eles estudaram mais de vinte mil empresas, mergulhando em dados na tentativa de responder à pergunta: por que, em tempos de crise, algumas empresas fracassam e outras não? Eles concluíram que "[as lideranças bem-sucedidas] não são mais criativas. Também não são mais visionárias. Não são mais carismáticas, nem mais ambiciosas. Assim como não são mais abençoadas pela boa sorte. Elas também não arriscam mais que as outras, não são mais heroicas e também não têm maior inclinação para implantar medidas drásticas e ousadas". Então, qual é a diferença? "Essas lideranças conseguem conduzir as suas equipes com um método surpreendente de autocontrole em um mundo fora de controle."[2]

No fim das contas, não são os espalhafatosos e extraordinários que sobrevivem, mas os que têm mão firme e mente sóbria. São pessoas como Roald Amundsen. Em 1911, ele liderou a equipe norueguesa em uma corrida até o polo Sul. Robert Scott era o concorrente da equipe inglesa. As duas expedições encararam o mesmo terreno e os mesmos desafios. Ambas tiveram de suportar temperaturas congelantes e o ambiente inóspito. Ambos tinham acesso à melhor tecnologia e aos melhores equipamentos da época. No entanto, Amundsen e a sua equipe chegaram ao polo Sul 34 dias antes da equipe de Scott. O que fez a diferença?

O planejamento. Amundsen era um estrategista incansável. Ele bolou uma estratégia bastante definida de percorrer de 25 a 30 quilômetros por dia. E se o tempo estivesse bom? Vinte e cinco a 30 quilômetros. E se o tempo estivesse ruim? Vinte e cinco a 30 quilômetros. Nem mais, nem menos. Sempre percorrendo de 25 a 30 quilômetros.

Scott, por outro lado, era bastante irregular. Ele levava a sua equipe à exaustão nos dias com tempo bom e parava nos dias com tempo ruim. Os dois homens tinham filosofias diferentes e, por isso, obtiveram resultados diferentes. Amundsen ganhou a corrida sem perder nenhum homem. Scott perdeu não só a corrida, mas também a sua vida e a vida de todos os membros da sua equipe.[3]

Tudo por falta de um bom plano.

Você preferiria ver um milagre acontecer na sua crise? Preferiria ver o pão ser multiplicado ou o mar agitado ser acalmado com um estalar de dedos? Deus tem o poder para fazer isso.

Mas pode acontecer também de ele dizer: "Eu estou com você. Posso usar essa bagunça para fazer o bem. Vamos traçar um plano." Confie na ajuda de Deus.

A soberania de Deus não anula a responsabilidade humana, pelo contrário. A soberania divina é o que capacita nossa responsabilidade. Quando confiamos em Deus, acabamos pensando de maneira mais clara e reagimos de forma mais decisiva. Como aconteceu com Neemias, que disse: "Nós oramos ao nosso Deus e colocamos guardas de dia e de noite para proteger-nos deles" (Neemias 4:9).

"Oramos... e colocamos." Confiamos e agimos. Acredite que Deus irá fazer aquilo que você não consegue. Obedeça a Deus e faça tudo que puder.

Não permita que a crise paralise você. Não permita que a tristeza tome conta de você. Não deixe o medo intimidar você. Não fazer nada é a escolha errada. Fazer alguma coisa é a escolha certa. Acreditar é a melhor das escolhas. Apenas...

MANTENHA A CALMA

E SIGA EM FRENTE

CAPÍTULO 15

MAL. DEUS. BEM.

A vida joga todo mundo para cima e para baixo. Ninguém passa pela vida sem sofrer um arranhão. Nem a mulher que descobre que o marido está tendo um caso. Nem o executivo que descobre que os seus investimentos estão sendo dilapidados por um colega desonesto. Nem a adolescente que descobre que uma noite de romance resultou na gravidez inesperada. Nem o pastor que sente a fé abalada pelas questões do sofrimento e do medo.

É tolice pensar que somos invulneráveis.

Mas seríamos igualmente tolos ao pensar que o mal vence.

A Bíblia ressoa com a batida constante do tambor da fé: Deus transforma o mal em justiça. Talvez você tenha lido esse livro em busca de uma solução rápida para os problemas que enfrenta. "Como Superar Obstáculos em Cinco Passos Rápidos." Desculpe decepcionar. Não tenho uma solução fácil, nem varinha mágica. Eu descobri algo — alguém — bem melhor. Deus. Quando Deus aparece em nossa vida, o mal se transforma em bem.

Já não descobrimos isso na história de José? José fora carregado de obstáculos: rejeição familiar, deportação, escravidão, prisão. Mesmo assim, ele saiu triunfante, um herói da sua geração. Entre as últimas palavras registradas no seu nome, está o seguinte comentário feito diante dos irmãos: "Vocês planejaram o mal contra mim, mas Deus o tornou em bem" (Gênesis 50:20).

Esse é o padrão que se repete na Escritura: *Mal. Deus. Bem.*

O mal veio para Jó. O mal o tentou, o mal o testou. Jó passou por inúmeras dificuldades. Mas Deus contra-atacou. Falou a verdade. Declarou a sua soberania. No fim, Jó escolheu Deus. O alvo mais visado por Satanás se tornou a principal testemunha de Deus. E disso nasceu o bem.

O mal veio para Moisés. Convenceu-o a assassinar um guarda egípcio, a libertar pessoas pela raiva. Deus contra-atacou. Colocou Moisés em um período de quarenta anos para esfriar a cabeça. No fim, Moisés escolheu Deus. Ele então liberou o povo como um pastor, não como soldado. E disso nasceu o bem.

O mal veio a Davi: ele cometeu adultério; a Daniel: ele fora arrastado para uma terra estranha; a Neemias: a muralha de Jerusalém fora destruída.

Mas Deus contra-atacou. E, por causa disso, Davi escreveu salmos cheios de graça, Daniel foi uma pessoa importante em uma terra estrangeira, e Neemias reconstruiu a muralha de Jerusalém com madeira da Babilônia. O bem aconteceu.

Ah, e Jesus. Quantas vezes durante a sua passagem na terra o mal se tornou bem?

O dono da hospedaria em Belém sugeriu que os pais de Jesus tentassem a sorte no estábulo. Esse foi o mal. Deus entrou no mundo no mais humilde dos lugares. Esse foi o bem.

O casamento não tinha vinho. Mal. Os convidados testemunharam o primeiro milagre de Jesus. Bem.

A tempestade atormentou a fé dos apóstolos. Mal. A visão de Jesus andando sobre as águas os transformou em fiéis. Bem.

Cinco mil homens precisavam de comida para alimentar a família. Que péssimo dia para ser um discípulo. Jesus transformou uma cesta em padaria. Que ótimo dia para ser um discípulo.

Com Jesus, o mal se tornava bem assim como a noite se torna dia — com regularidade, confiabilidade, sempre de modo reanimador. E sempre de forma a redimir.

Vê a cruz no alto do morro? Consegue ouvir o barulho dos soldados martelando os cravos? Os inimigos de Jesus sorriem maliciosamente.

Os demônios estão à espreita. Tudo que é mau esfrega as mãos com ansiedade. "Dessa vez", sussurra Satanás, "dessa vez vencerei."

Durante aquele sábado silencioso, realmente pareceu que ele tinha vencido. O último suspiro. O corpo alquebrado. Maria chorando. O sangue escorrendo pela madeira até a poeira do chão. Os seguidores desceram o Filho de Deus da cruz antes de o Sol se pôr. Os soldados selaram a tumba, e a noite caiu sobre a terra.

No entanto, aquilo que Satanás planejara como ato supremo de mal intencionado, Deus usou para fazer o bem supremo. Deus rolou a pedra que fechava a tumba. Jesus saiu de lá na manhã do domingo com um sorriso no rosto, com um andar jovial. Se você olhar mais de perto, vai poder ver Satanás correndo do cemitério com a cauda bifurcada entre as pernas.

"Será que, um dia, vou ganhar?", reclama.

Não. Não vai. As histórias de Jesus, de José e de milhares de outras pessoas provam que aquilo que Satanás intenciona para o mal, Deus usa para o bem.

A minha amiga Christine Caine é prova viva dessa promessa. Ela é uma australiana ligada na tomada. Um metro e sessenta de paixão, energia e amor. Sentar-se com Christine é como compartilhar uma refeição com um José dos tempos modernos. Ela está em pé de guerra com uma das maiores calamidades da nossa geração: a escravidão sexual. Christine viaja trezentos dias por ano. Ela se reúne com gabinetes, presidentes e parlamentos. Ela encara cafetões e desafia o crime organizado. Com Deus como ajudante, Christine quer ver a escravidão sexual derrotada, de joelhos.

Bastante impressionante para uma garota que foi jogada para cima e para baixo pela vida. Aos trinta anos, ela se deparou com a notícia chocante de que havia sido adotada. O casal que criou Christine nunca pretendeu contar sobre a adoção. Quando soube da verdade, Christine foi atrás dos pais biológicos.

Nos registros oficiais do seu nascimento, apenas constava que ela nascera de uma mulher grega chamada Panagiota. No campo designado "Nome do Pai", apenas a palavra: "Desconhecido". Christine conta como se arrastou "pelo mundo, tentando compreender como alguém tão importante para mim podia ser reduzido simplesmente a isso... Doze letras, uma palavra; uma única palavra, um tanto inadequada".[1]

Mas o caso ia além. No campo intitulado "Nome da Criança", havia outra palavra de 12 letras. Uma palavra que roubou o ar de Christine: "Desconhecido".

Pai "desconhecido". Nome "desconhecido". De acordo com o documento, Christine Caine era apenas o "nascimento número 2.508 do ano de 1966".[2]

Abandonada por aqueles que a conceberam e a gestaram. Será que poderia ser pior? Para falar a verdade, sim. Ela sofreu abusos sexuais dos parentes. Repetidas vezes tiraram vantagem dela; transformaram a infância de Christine em uma história de horror, encontro após encontro. Doze anos de um mal horrível e desenfreado.

Entretanto, o que fora intencionado para o mal Deus usou para o bem. Christine optou por não se apegar às dores do passado, mas às promessas do seu Pai celestial. Ela se agarrou em Isaías 49:1: "Antes de eu nascer o Senhor me chamou; desde o meu nascimento ele fez menção de meu nome." Christine tomou a decisão, como José, de acreditar no Deus que acreditava nela.

Anos depois, quando ouviu sobre a luta das mulheres cooptadas pelo comércio da escravidão sexual, Christine soube exatamente o que fazer. Quando viu o rosto daquelas jovens em cartazes de pessoas desaparecidas e conheceu as histórias dos abusos nas mãos dos captores, essa garota sem nome e abusada se lançou ao resgate dessas garotas da sua época. O plano que Satanás havia traçado para destruí-la só serviu para reforçar a decisão de ajudar o próximo. A A21 Mission, organização de Christine, tem escritórios espalhados pelo mundo inteiro. Eles "combatem o tráfico humano, administram programas de prevenção nas escolas e nos orfanatos, oferecem representação legal para vítimas e fornecem refúgios — primeiro em abrigos, depois em lares adotivos como forma de restauração".³ Enquanto escrevo estas palavras, centenas de jovens receberam apoio e foram libertadas de tais abusos.⁴

Mais uma vez, o que Satanás intencionou para o mal, Deus... Bem, você sabe o resto.

Será que sabe mesmo? Você acredita de verdade que nenhum mal escapa da mão de Deus? Acredita que ele é capaz de redimir todos os poços, inclusive esse em que você está agora?

E se José tivesse desistido de Deus? Só Deus sabe que ele poderia ter dado as costas para o Céu. Em qualquer ponto da caminhada sinuosa, José poderia ter deixado a amargura tomar conta e abandonado Deus. "Chega. Chega. Estou fora."

Você também pode desistir de Deus. O cemitério das esperanças está superlotado com almas que preferem ficar com um deus menor. Não faça parte dessa massa.

Deus enxerga um José em você, um mensageiro da graça em tempos de raiva e de vingança. Os seus descendentes precisam de um José, um elo resistente na corrente da fé. A sua geração toda precisa de um José. A fome está aí. Será que você vai colher esperança para distribuir ao povo? Será que você consegue ser um José?

Confie em Deus. Sério, confie nele *de verdade*. Ele vai ajudar você a sair dessa. Vai ser fácil e rápido? Assim espero. Mas dificilmente é. Mas, não se esqueça: Deus vai fazer o bem a partir dessa bagunça.

Esse é o trabalho dele.

PARA REFLETIR

(PREPARADO POR Christine M. Anderson)

Capítulo 1: Você vai sair dessa

1. No começo do capítulo, em três oportunidades, pudemos ler: "Você vai sair dessa. Não será sem dor. Não será rápido. Mas Deus vai usar essa bagunça toda para o bem. Por enquanto, não seja tolo nem ingênuo. Mas também não se desespere. Com a ajuda de Deus, você vai passar por isso."

   a. Reflita sobre cada uma das frases, uma de cada vez. Qual delas oferece maior conforto ou incentivo para você? Há alguma frase que você preferiria que Max *não* tivesse incluído? Por quê?
   b. Max oferece essas palavras de conforto para três pessoas em situações diferentes: uma mãe de três filhos abandonada pelo marido, um homem de meia-idade demitido por causa de comentários ofensivos e uma adolescente forçada a escolher entre a mãe e o pai. De que modo você resumiria, em apenas uma frase, a situação difícil pela qual está passando agora ou alguma situação delicada que tenha enfrentado no passado?
   c. Max diz que devemos evitar três comportamentos. Qual das palavras negativas a seguir melhor descreve você? Qual delas representa a maior tentação para você neste momento? E qual delas é a que melhor descreve o seu comportamento quando você passa por uma situação de dificuldade?

- *Tolice*: fico ou já fiquei tentado a ser irracional, descuidado e imediatista, evitando refletir e fazer um bom julgamento, tendo um comportamento impulsivo.
- *Ingenuidade*: fico ou já fiquei tentado a ignorar as adversidades da realidade por vontade própria, a faltar com o discernimento e com o julgamento crítico, a ficar cego para o impacto das minhas palavras e dos meus comportamentos, ou a insistir em uma visão irrealista do mundo e da natureza humana.
- *Desespero*: fico ou já fiquei tentado a recusar receber o cuidado e o consolo dos outros. Fico inclinado a me sentir inútil, desolado, desanimado, sem esperanças ou miserável.
- *Outro*:

2. Leia Gênesis 37. A passagem oferece um cenário crítico a respeito da família de José e dá detalhes sobre o rapto e a venda do menino ao Egito.

   a. A história conta com três personagens principais: os irmãos (como um todo), José e Jacó. Dos comportamentos descritos na questão 1, quais das palavras negativas melhor descrevem os três personagens?

   Os irmãos são: _____
   José é: _____
   Jacó é: _____

   b. Use a palavra escolhida na questão 1 e o personagem de Gênesis 37 que melhor ilustra a palavra escolhida para refletir sobre o modo como você encara as dificuldades da vida. Por exemplo, se você escolheu "desespero", que similaridades enxerga entre você e o personagem desesperado que você identificou? Que observações acerca das suas palavras, das suas ações ou dos seus comportamentos esse personagem lhe ajuda a perceber? (Talvez você queira reler Gênesis 37, prestando atenção às palavras, às ações e aos comportamentos do personagem escolhido.)

c. Em que aspectos, se estes existem, você não se identifica com esse personagem? Por quê?

3. Ao fim de Gênesis 37, José já está no Egito. O termo em hebraico que significa Egito é *Mitzrayim*, cujo significado remonta a "bordear, cercar, limitar".[1] O termo evoca a imagem de um lugar bastante estreito e apertado. Podemos dizer que o Egito de José — o seu *Mitzrayim* — começou no instante em que ele foi jogado no poço. E os lugares apertados não pararam de chegar: a escravidão, as armadilhas, a prisão.

a. Seria natural que José tentasse desafiar o cativeiro, devotando todos os seus esforços em tentar escapar. Por que você acha que ele evita fazer isso enquanto está preso? Qual você diria ter sido a opção de José?

b. De que modo você se compara com essa situação de estar no Egito? De que modo o seu sofrimento o aprisiona em um mundo muito menor do que costumava ser? Que limitações lhe trazem maiores dificuldades?

c. Como você descreveria a sua resposta a essas limitações? Por exemplo: os seus pensamentos e a sua energia estão voltados prioritariamente a fazer planos de fuga, planos para compreender a vida ou outra alternativa?

4. Do começo ao fim da história de José, podemos vê-lo passar por uma imensa transformação. O jovem mimado, que não pensava em ninguém além de si, tornou-se um líder visionário que salvou o mundo da fome. Cada um dos lugares apertados na vida de José se tornou um campo de treinamento, um caminho estreito que levava a um propósito eterno.

a. Um treinamento é uma preparação. É um processo que transforma o fraco em forte e o despreparado em habilidoso. Que potencial existe para algum treinamento visando enfrentar a sua dificuldade? Que "músculos" novos você está exercitando?

b. Eis a premissa de um treinamento: aquilo que não é possível fazer neste momento, se tentarmos muito, poderemos fazer depois de treinar bastante. Como você consegue aplicar essa verdade na história de José e na sua própria história?

5. "A história de José está na Bíblia por um motivo: para lhe ensinar a confiar que Deus superará o mal. O que Satanás intenta para o mal, Deus, o Mestre Tecelão e Mestre Construtor, redime para o bem" (p. 20). *Superar* o mal significa fazer o melhor de uma situação adversa por meio de um recurso crucial e, por vezes, escondido no momento mais estratégico. De que modo essa ideia lhe ajuda a compreender o atual envolvimento de Deus na sua vida?

6. O autor C.S. Lewis escreveu: "No deleite, Deus sussurra; na consciência, Deus fala; mas na dor, Deus grita".[2] Reflita por um momento sobre o que a história de José pode revelar sobre as dores ou a dificuldade pelas quais você está passando. Se Deus está gritando na sua dor, o que ele está dizendo? De que maneira esse grito pode ser um convite para que você responda?

Capítulo 2: Para baixo, para baixo... Para o Egito

1. José chegou ao Egito como escravo. Ele havia perdido tudo, menos o seu destino. Ele acreditava que, apesar das circunstâncias desfavoráveis, Deus estava agindo e que ele tinha planos para a sua vida.

a. De maneira geral, como você descreveria o impacto que as circunstâncias do presente têm em afetar a sua capacidade de confiar em Deus, a capacidade de acreditar que ele está agindo na sua vida?

b. Reflita por um momento sobre o nível de confiança que você tem em Deus quando pensa na eternidade — ou seja, que ele salva e que você vai viver com ele para sempre. De que modo a confiança que você tem em Deus para a eternidade se compara com a confiança em Deus que você tem nas atuais circunstâncias? Se um dos dois casos for diferente do outro, o que seria responsável por tal diferença?

2. Uma das possibilidades de se refletir sobre o destino é pensar que já conhecemos o fim da história — da história de Deus e a nossa própria — e que esse fim é muito bom. Por meio do profeta Isaías, Deus declara:

> Eu sou Deus, e não há nenhum como eu. Desde o início faço conhecido o fim, desde tempos remotos, o que ainda virá. Digo: 'Meu propósito ficará de pé, e farei tudo o que me agrada' (Isaías 46:9-10). Esse "fazer conhecido" revela um aspecto absolutamente único sobre quem Deus é e sobre como ele opera. Podemos encontrar uma prova personalista desse conceito na história de José quando Deus usa dos sonhos para revelar o que está por vir (Gênesis 37:5-11).

a. Tente se lembrar de algum período de problemas ou de dificuldades do seu passado. Ao olhar para trás, que evidências você consegue perceber da atividade de Deus na sua vida? Talvez alguma bondade inesperada? Mudanças positivas nas circunstâncias da sua vida ou em algum relacionamento? De que modo a mão de Deus preparou você para o que viria a seguir? Esse período de dificuldade serviu para aprofundar a sua confiança em Deus?

b. De que modo as experiências anteriores sobre a obra de Deus na sua vida — ou de uma aparente ausência — afetam a sua capacidade de confiar nele nas presentes circunstâncias?

c. Pense nas últimas 24 horas da sua vida. Que sinais da bondade e da graça de Deus, por menores que sejam, você consegue identificar? Dê ao menos dois ou três exemplos.

d. O que esses sinais podem indicar a respeito do propósito de Deus para a sua vida no presente?

3. É assim que confiamos no destino: nós nos apegamos ao que temos e que não conseguimos perder. Max faz uso desse ensinamento na prática ao descrever como duas pessoas em circunstâncias diferentes — uma perdeu o emprego, a outra perdeu um relacionamento — conseguiram se lembrar e confiar no destino (p. 28). Usando esses exemplos como referência, escreva de duas a três linhas reafirmando a sua confiança no destino que Deus planejou para você.

4. "A sobrevivência no Egito começa com um sim ao chamado de Deus na sua vida" (p. 28). Ao dizer sim, você reconhece que não há nada na sua vida que seja desconhecido a Deus (Salmos 139). Assim como Davi, você afirma: "O Senhor cumprirá o seu propósito para comigo! Teu amor, Senhor, permanece para sempre" (Salmos 138:8).

a. De que modo, se for esse o caso, você acredita que pode estar dizendo "não" para o chamado de Deus na sua vida?

b. Se você pensar que uma das partes daquilo para o que você está dizendo "não" é o amor de Deus, como isso afetaria a sua perspectiva?

c. Que "sim" você pode dizer para Deus hoje, neste exato momento?

Capítulo 3: Sozinho, nunca solitário

Max oferece quatro maneiras concretas em que podemos nos abrir à presença divina "do mesmo jeito que o oceano Pacífico recobre uma pedrinha no leito do mar" (p. 37).

1. *Declare a vontade pela proximidade de Deus.* As páginas das Escrituras são repletas de promessas que reafirmam a proximidade de Deus:

> Mesmo quando eu andar por um vale de trevas e morte, não temerei perigo algum, pois tu estás comigo; a tua vara e o teu cajado me protegem. (Salmos 23:4)

> O Senhor dos Exércitos está conosco; o Deus de Jacó é a nossa torre segura. (Salmos 46:7)

> Eu estarei sempre com vocês, até o fim dos tempos. (Mateus 28:20)

> Deus mesmo disse: "Nunca o deixarei, nunca o abandonarei" (Hebreus 13:5).

Quando se declara a vontade de alguma coisa, estamos de fato reafirmando um direito de tê-la e de considerar algo como devido a você. É uma postura de firmeza, insistência e perseverança.

   a. Como você descreveria a sua postura em relação à proximidade de Deus? Você tem sido firme, insistente e perseverante em declarar a sua vontade? Ou você tende a ser mais tímido, passivo e ambivalente?
   b. "Tempos difíceis exigem decisões baseadas na fé" (p. 37). Usando as passagens anteriores, tente personalizar a promessa da proximidade de Deus, fazendo uma declaração firme diante da situação que você enfrenta hoje. Escreva duas ou três linhas de uma declaração reafirmando a sua decisão de confiar que Deus está próximo de você.

2. *Agarre-se ao caráter divino.* As qualidades de Deus são aspectos imutáveis do seu caráter divino; também servem como promessas em que podemos confiar em meio à mudança.

a. Pegue um cronômetro e marque o tempo de dois minutos. Escreva tantas verdades a respeito do caráter de Deus quanto conseguir. (Antes de disparar o cronômetro, talvez você queira reler a lista de qualidades de Deus que Max oferece na página 38.) Se você tiver um pouco mais de tempo, leia o salmo 86 e faça uma lista de todas as qualidades de Deus citadas por Davi.

b. Faça uma revisão da lista com as qualidades de Deus. Destaque duas ou três qualidades que mais importam para você. Por que elas são importantes para você neste momento? Quais promessas essas qualidades representam?

3. *Ore para expelir a dor.* "Está bravo com Deus? Decepcionado com a estratégia dele? Irritado com as escolhas divinas? Faça com que ele saiba. Faça com que ele ouça! [...] Vá em frente, registre a sua reclamação" (pp. 38-39).

a. Uma reclamação é uma queixa formal sobre um problema ou um erro, feita por alguém que tem o direito de ser ouvido. Identifique a reclamação que você tem a fazer sobre a dificuldade que está enfrentando. O que há de errado?

b. Que emoções essa situação causa em você — em relação às outras pessoas, a si mesmo e a Deus?

c. Fale claramente com Deus sobre a sua dor. Você pode optar por escrever orações em um diário ou conversar em voz alta. Resista à tentação de esconder ou de reter a verdade sobre os seus pensamentos e sobre os seus sentimentos. Não poupe o peso da sua dor, das suas perguntas e da decepção diante de Deus.

4. *Confie no povo de Deus.* Deus está presente naqueles que se reúnem em seu nome (Mateus 18:20). Max nos incentiva a sermos "uma craca no barco que é a igreja de Deus" (p. 39). Uma craca começa a vida como um organismo minúsculo e livre para nadar, mas precisa se prender a uma superfície sólida para poder chegar à idade adulta.

Para se prender, a craca produz um tipo de cimento fluido e elástico que depois endurece. À medida que amadurece, para reforçar a sua estabilidade, a craca continua a produzir anéis concêntricos com esse cimento.

a. De maneira geral, como você descreveria a sua relação com a sua comunidade de fé? Você está firmemente preso a ela ou ainda nada à vontade? Caso se sinta ligado, você diria que a sua conexão com essa comunidade está enfraquecendo ou se fortalecendo? Por quê?
b. Reflita sobre os relacionamentos que você tem dentro da sua comunidade de fé — os amigos, um pequeno grupo, uma equipe de voluntários com quem você trabalha. Quais relacionamentos você diria que têm mais "cimento"?
c. Quando confiamos em alguém, passamos a depender dessa pessoa. Em quais relacionamentos você pode confiar mais na semana que vem? De que maneira específica você pode depender mais dessas pessoas? Você pode, talvez, pedir um conselho prático? Pedir uma oração específica? Tomar um café para falar verdadeiramente sobre o que você está passando? Talvez alguma outra maneira?

Capítulo 4: Um erro não compensa outro

1. Navegar pelas circunstâncias de uma crise de um "banco de areia" ou de uma dificuldade duradoura pode deixar uma pessoa esgotada de várias maneiras — mental, emocional, pessoal e espiritualmente. Ao refletir sobre as circunstâncias em que está tendo de navegar, como você descreveria o seu nível de esgotamento hoje em dia? Circule o número que melhor representa a sua resposta.

1   2   3   4   5   6   7   8   9   10

| Estou esgotado. Tenho pouca ou nenhuma energia para dar atenção aos deveres e aos relacionamentos na minha vida. | Não estou esgotado. Tenho energia suficiente para dar atenção aos deveres e aos relacionamentos na minha vida. |

    a. Que imagem você usaria para descrever o seu nível de esgotamento — um pano gasto e rasgado, um leito de rio seco ou um carro se arrastando?

    b. Que necessidades essa imagem representa? Em outras palavras, o que faz mais falta neste momento?

2. O esgotamento pode nos deixar vulneráveis, ao que Max chama de algo ruim ficando pior, ou seja, de complicar as circunstâncias com comportamentos como decisões ruins, comportamento impulsivo, comprometimento da moral, entre outros. Você se sente vulnerável por conta desse esgotamento? A que recursos você pode recorrer para se reabastecer?

3. Justificações e racionalizações ("Ninguém precisa saber", "Não vou ser pego", "Sou apenas humano") são sinais de alerta para uma vulnerabilidade a deixar que algo ruim fique pior. O escritor Dallas Willard disse: "Os maiores riscos espirituais dentro de mim são os pequenos hábitos de pensamento, de sentimentos e ações que considero 'normais' porque 'todo mundo é assim' e que são 'apenas características humanas'."[3]

    a. Quais "pequenos hábitos de pensamento, de sentimentos e ações" você justifica ou racionaliza?

    b. Quais são os perigos potenciais dessa vulnerabilidade?

4. Leia Gênesis 39, que conta a história do "banco de areia" de José com a esposa de Potifar.

a. Justificações e racionalizações tendem a fazer com que nos concentremos naquilo de que sentimos falta e no que há de errado com as circunstâncias que enfrentamos. O que a resposta que José dá à esposa do seu mestre revela sobre como ele enxergava essas circunstâncias (v. 9)?

b. A lealdade significa fidelidade e devoção. O que você observa a respeito da lealdade — e da deslealdade — em cada um dos personagens deste capítulo? A quem cada um dos personagens está tentando agradar? Reflita sobre as palavras e sobre as ações de José, de Potifar e da esposa dele.

c. Usando os três personagens humanos do capítulo como referência, como você descreveria o objeto e a extensão da sua lealdade neste momento? O que as suas palavras e as suas ações revelam sobre quem você está tentando agradar?

d. De que maneiras você já experimentou a lealdade de Deus — a fidelidade e a devoção dele para com você — em meio às circunstâncias do seu presente?

5. José colocou a lealdade a Deus acima de todas as coisas e se recusou a racionalizar ou a justificar esse compromisso. Era a coisa certa a fazer, mas que teve um preço.

a. Davi escreveu: "Ofereçam sacrifícios como Deus exige e confiem no Senhor" (Salmos 4:5). Qual sacrifício você talvez tenha que fazer e que está ligado às vulnerabilidades identificadas nas questões 2 e 3?

b. Qual aspecto da sua vida você precisa confiar que Deus irá tomar conta?

Capítulo 5: Ah, então é um treinamento!

1. "Deus nos testa todos os dias, seja por meio de outras pessoas, de dores ou de problemas" (p. 58).

a. Quando precisou passar por um teste, Max teve de decidir se iria ficar reclamando ou se pediria desculpas, se iria ignorar a tensão ou lidar com ela. Pense nas últimas 24 horas da sua vida e identifique um teste que tenha surgido no seu caminho. Qual foi a escolha que você teve de fazer, a pergunta que teve de responder?
b. Na escola, algumas notas são graduadas e outras apenas trazem aprovação ou reprovação. Qual nota você daria à resposta que deu ao teste que você encarou?
c. O tema do teste que Max enfrentou pode ser resumido à integridade de um relacionamento. Qual é o tema da lição de vida que o seu teste representa? Quais poderiam ser os seus ganhos, se você aprendesse essa lição? Quais são as perdas ou as consequências que você pode sofrer se não conseguir aprender a lição?

2. Deus usou os testes na vida de José — assim como faz na sua vida — não como punição, mas como preparação. Essa é uma distinção crucial que o escritor C.S. Lewis fez quando escreveu: "Se você pensar neste mundo como um lugar que deveria ter como único propósito nos trazer felicidade, logo vai descobri-lo intolerável: pense no mundo como um lugar de treinamento e de correção, e verá que não é tão mau assim".[4]

    a. Qual é a sua impressão dessa ideia? De que modo ela afeta a perspectiva que você tem sobre o que significa ser testado por Deus?
    b. José não sabia para que os testes pelos quais passou o estavam preparando, mas as lições que ele aprendeu foram sobre liderança, uma obediência fiel e confiança em Deus. Assim como José, talvez você não saiba para que Deus está preparando você, mas as lições que você está aprendendo apontam em uma direção certa. Quando pensa nas lições e nos testes pelos quais você tem passado ultimamente, para onde acredita que Deus está apontando você?

3. A perspectiva que a Bíblia oferece sobre as dificuldades da vida é radicalmente contracultural e anti-intuitiva. Veja o que o autor da carta de Tiago escreve:

Meus irmãos, considerem motivo de grande alegria o fato de passarem por diversas provações, pois vocês sabem que a prova da sua fé produz perseverança. E a perseverança deve ter ação completa, a fim de que vocês sejam maduros e íntegros, sem lhes faltar coisa alguma (Tiago 1:2-4).

a. A chave para conseguir mudar a perspectiva sobre as dificuldades da vida começa com a frase: "reflita". O termo grego para *refletir* é um verbo que expressa pensamento, não emoção. "Tiago não está ensinando como se deve *sentir*, mas como se deve *pensar* sobre as circunstâncias."[5] Como você entende essa distinção entre pensar e sentir em relação às circunstâncias pelas quais tem passado? Quais são as suas preocupações ou dúvidas quando reflete sobre a ideia de *pensar* sobre a felicidade, mesmo que não a esteja sentindo?
b. Um professor sugere que, em vez de "olhar *para* o teste", devemos olhar "*através* do teste para o resultado potencial".[6] Quais palavras vêm à cabeça quando você olha *para* o teste que está enfrentando? Quais palavras vêm à cabeça quando você olha *através* desse mesmo teste?

4. "Compartilhe a mensagem que Deus lhe concede. Esse seu teste irá se transformar em testemunho [...] A sua dificuldade pode se tornar a sua mensagem" (p. 62). Em um tribunal, um testemunho é uma declaração pública de uma testemunha ocular feita sob juramento. Esse testemunho é constituído de evidência suficiente para sustentar os fatos e a verdade. O que vêm à cabeça quando você pensa em si mesmo como testemunha ocular da atividade de Deus em meio à bagunça da sua vida? Que fatos e verdades sobre Deus são sustentados com a evidência representada pelo seu testemunho?

Capítulo 6: Espere enquanto Deus trabalha

1. José tinha provavelmente 17 anos quando foi vendido como escravo, e trinta quando o faraó o designou responsável pelos prepara-

tivos contra a fome. O tempo de espera — na casa de Potifar e na prisão — cobriu um período de 13 anos.

a. Pare por alguns instantes para se lembrar da sua vida e das circunstâncias dessa sua vida 13 anos atrás. Escreva três coisas de que você se lembra sobre como a sua vida era e três coisas sobre o seu nível de crescimento pessoal e de maturidade na época. Leve em conta a maturidade espiritual, emocional e relacional.

b. Quais foram as mudanças na sua vida e na sua maturidade que ocorreram entre o passado e o presente?

c. Durante o período de espera e de preparação que José enfrentou, Deus esteve sempre trabalhando. Quando pensa nos últimos 13 anos como um período de espera e de preparação similar ao de José, de que modo você percebe que Deus esteve operando nas circunstâncias da sua vida e no seu crescimento pessoal?

2. Vivemos sempre com pressa, mas Deus não. As páginas das Escrituras nos encorajam repetidas vezes a esperar pelo Senhor. O salmista oferece uma imagem forte de como se parece essa espera e do que é necessário:

> Espero no SENHOR com todo o meu ser, e na sua palavra ponho a minha esperança. Espero pelo SENHOR mais do que as sentinelas pela manhã; sim, mais do que as sentinelas esperam pela manhã! Ponha a sua esperança no SENHOR, ó Israel, pois no SENHOR há amor leal e plena redenção (Salmos 130:5-7).
>
> O salmista deixa claro que investe todo o coração na expectativa da vinda do Senhor. Outras versões da Bíblia tratam a intensidade desse anseio por Deus como: "Aguardo ao SENHOR; a minha alma o aguarda" (ACF); "Eu aguardo ansioso a ajuda de Deus, o SENHOR, e confio na sua palavra" (NTLH); "Oro ao Eterno — minha vida é uma oração — e depois espero para ver o que ele dirá e fará" (MSG).

a. Quando reflete sobre as circunstâncias nas quais você está esperando no Senhor, como você descreve o plano de investimentos do seu coração? Como o salmista, será que você está investindo 100% em esperar no Senhor? Ou será que está tentando proteger o seu coração com coisas como a preocupação ou um plano B em potencial?

b. Usando as diversas versões da Bíblia citadas anteriormente, escreva uma declaração que expresse a intensidade do seu anseio por Deus neste momento.

c. De modo geral, você tem maior tendência a ter consciência do anseio por Deus ou do anseio pelo que você espera que Deus faça por você? De que modo você consegue fazer a distinção entre os dois pensamentos?

d. De que maneira a imagem de um soldado em vigília noturna pode ajudar você a compreender o que significa confiar no Senhor e ainda ser ativo durante a sua espera?

3. "A espera é um esforço sustentado em se concentrar em Deus por meio da *fé* e da *oração*. Esperar é dizer: '*Descanse* no Senhor e aguarde por ele com paciência' (Salmos 37:7)" (p. 71, ênfase do autor). Use as frases começadas a seguir para refletir sobre como você pode esperar no Senhor ativamente no futuro.

a. Posso me manter concentrado em Deus em *oração* ao...
b. Posso me manter concentrado em Deus nas minhas *crenças* ao...
c. Posso me manter concentrado em Deus e *descansando nele* ao...

Capítulo 7: Mais persistente que o Bozo

1. Um lastro é um contrapeso — uma força que contrabalança outra força para manter o equilíbrio. O lastro de José era "uma crença profunda e estabilizadora na soberania de Deus" (p. 80). Durante 13 anos, esse lastro o ajudou a se recuperar de cada uma das adversidades — traição, escravidão, acusações infundadas, prisão, abandono.

A audiência com o faraó marcou o começo da redenção de José, mas ainda havia uma força opositora operando. No entanto, dessa vez, não se tratava de uma *adversidade*, mas de uma *armadilha*.

a. Leia Gênesis 41:1-44, que conta a história dos sonhos do faraó e do encontro dele com José. Preste atenção ao que o faraó diz sobre José (v. 15) e como José responde (v. 16, 25, 28, 32).

b. Uma armadilha é um convite sutil ao autoengano, o que, por sua vez, nos torna vulneráveis às adversidades. Como você descreveria a armadilha em potencial nas palavras que o faraó dirige a José (v. 15)? A que tipos de adversidades José ficaria vulnerável se tivesse aceitado esse convite sutil?

c. Vemos o lastro de José em ação quando ele repetidamente afirma a soberania de Deus, não só em tudo que já havia acontecido (v. 25, 28, 32), mas também em tudo que haveria de acontecer (vv. 16, 32). Para José, a soberania de Deus cobria tanto o passado quanto o futuro.

Naquela situação, teria sido a coisa mais natural do mundo para José — que havia acabado de sair da prisão — tentar assegurar o seu futuro ao se colocar sob os holofotes. O que a recusa em fazer isso revela sobre José e sobre a relação dele com Deus? E sobre a confiança dele na soberania de Deus?

d. Compare as declarações do faraó em Gênesis 41:15 e em Gênesis 41:39. De que modo o lastro de José impacta a perspectiva do faraó? Reflita sobre o que mudou e sobre o que permaneceu intacto.

2. A experiência de passar do sofrimento à redenção é repleta de dons e de graças. Enfim acaba a longa espera. Há alívio, vida nova, nova esperança. Mas, como bem ilustra a história de José, essa transição também inclui desafios extremamente únicos.

a. Conforme você aguarda ou desfruta do período de redenção, quais armadilhas — convites sutis para o autoengano — você espera encontrar? Reflita especialmente sobre como o seu foco pode mudar de repente da confiança em Deus para a confiança em si mesmo.

b. A que adversidades você pode ficar vulnerável se aceitar tais convites? Reflita particularmente sobre as maneiras em que você pode se sentir tentado a garantir o futuro por conta própria.

c. O lastro de José influenciou a perspectiva do faraó. Quais relacionamentos significativos você tem que podem ser afetados pelo modo como você lida com a crença na soberania de Deus? Como você espera influenciar a perspectiva desses relacionamentos — a respeito de Deus e de você mesmo?

3. Recuperar-se de uma adversidade não significa necessariamente retomar a vida como ela era. A redenção de José não o levou de volta para a vida que tinha na casa do seu pai; o tenente Sam Brown jamais poderia voltar a ter a vida que tinha antes da experiência horrível pela qual passara no Afeganistão. Para esses dois homens, a recuperação exigiu duas coisas: a disposição de esquecer o que havia acontecido e a abertura para receber o novo que Deus oferecia. Esta é a promessa das Escrituras para todos que perseveram:

> Feliz é o homem que persevera na provação, porque depois de aprovado receberá a coroa da vida que Deus prometeu aos que o amam. (Tiago 1:12)

a. Quando você pensa na esperança da redenção — aquilo que você quer que aconteça ao fim do período de espera — quanto da sua esperança está dedicada a querer que a vida torne a ser o que era?

b. Quais pensamentos e emoções surgem quando você pensa que talvez não consiga voltar a ter a vida que costumava ter?

c. A recompensa para a perseverança — por amar a Deus o suficiente para fazer dele o seu lastro — é uma "coroa da vida". Outra versão da Bíblia assim explica a promessa: "É gente assim que ama a Deus e é fiel de verdade. Eles receberão como recompensa a vida plena" (Tiago 1:12, MSG). Trata-se aqui de uma promessa para a vida eterna, mas também para esta vida (Salmos 27:13-14).

Em que partes da sua vida você sente que Deus está lhe convidando não apenas a confiar mais nele, mas a amá-lo mais?

De que você precisa se livrar para receber a nova vida prometida por Deus?

Capítulo 8: Deus é bom quando a vida é ruim?

1. Christyn Taylor descreve como o seu acordo unilateral com Deus foi estilhaçado quando deu à luz uma criança natimorta: "O medo invadiu o meu ser e a minha fé começou a desmoronar. A minha 'zona de conforto' com Deus não era mais confortável [...] A ansiedade começou a tomar conta" (p. 89).

   a. Em algum ponto do caminho, a maioria de nós tenta firmar um contrato com Deus. *Eu prometo se você, Deus, fizer* . Quais acordos com Deus você já tentou fazer no passado? E nas circunstâncias atuais?
   b. Christyn experimentou uma crise de fé quando Deus não aceitou os termos propostos. De que modo os resultados de um contrato passado com Deus afetaram você? De que maneira eles afetaram a sua crença na bondade de Deus?
   c. Nas circunstâncias atuais que você enfrenta, quais são as perguntas que você está fazendo a Deus? Por exemplo: se Deus pode consertar isso, por que ele não conserta? Como um Deus bom pode permitir que isso aconteça? Como Deus pode fazer o bem a partir de um mal tão grande desses?

2. "Deus promete criar o belo a partir de 'todas as coisas', não de 'cada uma das coisas'. Os eventos isolados podem ser maus, mas o resultado final é bom" (p. 90).

   a. Como você entende essa distinção entre "todas as coisas" e "cada uma das coisas"? Que luz essa distinção pode lançar nas suas circunstâncias atuais ou na pergunta que você fez na questão 1c?

b. "Precisamos permitir que Deus defina o que é o *bem*" (p. 91). Como você imagina que seria a sua vida se a definição do *bem* coubesse a você? Que vantagens e desvantagens você modificaria em relação aos desafios que está enfrentando?

3. O apóstolo Paulo, que encarou adversidades enormes e grande perseguição, esperava que o sofrimento fosse parte da relação com Cristo:

> Se somos filhos, então somos herdeiros; herdeiros de Deus e co-herdeiros com Cristo, se de fato participamos dos seus sofrimentos, para que também participemos da sua glória. (Romanos 8:17)

> A vocês foi dado o privilégio de, não apenas crer em Cristo, mas também de sofrer por ele. (Filipenses 1:29)

Paulo também enfatizou a importância de ter uma perspectiva com base na eternidade:

> Considero que os nossos sofrimentos atuais não podem ser comparados com a glória que em nós será revelada. (Romanos 8:18)

> Os nossos sofrimentos leves e momentâneos estão produzindo para nós uma glória eterna que pesa mais do que todos eles. (2Coríntios 4:17)

a. Nos relacionamentos humanos, esperamos compartilhar tanto os altos quanto os baixos da vida com aqueles que amamos. Como os seus relacionamentos mais próximos lhe ajudam a compreender o que significa compartilhar tanto o sofrimento quanto a glória de Cristo?

b. Por vezes, ganhamos novas perspectivas em relação a um problema quando perguntamos: "Que importância isso terá daqui a uma semana? Daqui a um mês? Daqui a um ano?" Paulo sugere que até mesmo toda uma vida é pouco tempo para mudar a perspectiva que temos sobre as adversidades, e que seria preciso enxergar os problemas do ponto de vista da eternidade.

Reflita sobre as circunstâncias atuais por que você está passando em diferentes períodos de tempo: daqui a uma semana, daqui a um mês, daqui a um ano e durante a eternidade. Pense no impacto que essas dificuldades causam à sua rotina, aos seus relacionamentos e à sua percepção de bem-estar. De que maneira a sua perspectiva muda com o incremento do tempo?

4. Depois de perder uma filha, Christyn Taylor se debateu com perguntas sobre o porquê de Deus ter permitido aquilo. "A única conclusão a que cheguei foi esta: tenho de abrir mão da linha que tracei no chão. É preciso oferecer a vida por completo, cada minuto dela, para o controle de Deus, independentemente do resultado" (p. 92).

   a. O que lhe vem à cabeça quando você pensa nas linhas que está riscando na areia — as coisas que está tentando manter longe do controle de Deus?
   b. Abrir mão do controle é sempre arriscado e quase sempre assustador; há alguma coisa nesse processo que lhe causa dúvida ou que inspira confiança? Se você abrisse mão de tudo em favor de Deus, o que poderia experimentar que não seria possível de outro modo?

Capítulo 9: Uma colherada de gratidão para acompanhar, por favor

1. Encarnar significa pegar algo que só existe no campo das ideias ou das teorias e dar forma concreta a isso. Ao dar o nome de seus filhos, José realizou um ato de encarnação. Ele literalmente deu um rosto — dois rostos! — à sua gratidão.

   a. Lembre de algum momento em que você esteve cheio de gratidão — para com alguém ou para com Deus. De que modo você deu forma concreta a essa gratidão? Pense no seu comportamento, nas suas palavras e nas ações tomadas.

b. Por que foi importante para você expressar a sua gratidão desse modo? O que você perderia — e o que os outros perderiam — se não tivesse expressado a sua gratidão do jeito que expressou?

c. De que modo essa experiência de gratidão ajuda você a compreender o ato de gratidão de José quando ele deu nome aos seus dois filhos?

2. De modo geral, dar um nome é um ato poderoso. O teólogo Alexander Schmemann faz uma conexão entre o ato de dar um nome e a gratidão:

> Dar um nome... é abençoar Deus com o ato e pelo ato. Na Bíblia, abençoar a Deus não é um ato "religioso"... mas o próprio *modo de vida*. Deus abençoou o mundo, abençoou o homem, abençoou o sétimo dia (isto é, o tempo), e isso significa que ele preencheu tudo que existe com o amor e com a bondade... Então, nossa única reação *natural*... é abençoar Deus de volta, agradecendo a ele, é *enxergar* o mundo como Deus o enxerga e — por meio desse ato de gratidão e de louvor — conhecer, nomear e possuir o mundo.[7]

a. Um modo de vida é uma experiência diária — uma mistura da rotina, dos comportamentos e das práticas do dia a dia. A partir da experiência que você citou na questão 1, como você descreveria o significado de fazer da gratidão — o abençoar a Deus — um modo de vida? Quais rotinas, comportamentos e práticas seriam necessários para que isso acontecesse?

b. A gratidão é algo que requer ver o mundo como Deus o vê. O que os nomes que José deu aos seus filhos (pp. 98-99) revelam sobre como ele enxergava o mundo?

3. É impossível *nomear* — expressar a gratidão — sem *notá-la*. A prática de ser grato exige cultivar uma postura de atenção que identifica até a menor das graças.

a. Pare por um momento para perceber as "pequenas" coisas que você pode nomear pela gratidão. Escreva duas ou três coisas simples pelas quais você pode agradecer a Deus — nas últimas 24 horas, na última hora e neste exato momento.
b. Como você descreveria a sua postura de atenção nas atuais circunstâncias da sua vida? Em outras palavras, com que frequência você nota e nomeia as graças e os dons de Deus?

4. Max identifica quatro motivos em potencial que impedem a expressão da gratidão. Marque os motivos que mais se aproximam das circunstâncias que você está experimentando.

- ☐ *Ocupação*: sem tempo! Estou tão preocupado com tudo que tenho que fazer que não consigo me lembrar de expressar a minha gratidão na maior parte do tempo.
- ☐ *Precaução*: espere um instante. Isso parece bom, mas não quero criar falsas esperanças. Pode ser bom demais para ser verdade. Vou guardar a minha gratidão até ter certeza.
- ☐ *Egoísmo*: certo, isso é bom, e estou grato por isso. Mas essa coisa boa exige de mim algo que eu não tinha previsto, o que me deixa muito confuso.
- ☐ *Arrogância*: nem tudo estava tão ruim antes. E será que essa gratidão não é apenas um sinal de fraqueza? Eu não sou fraco.
- ☐ *Outro*:

Esse(s) motivo(s) descreve(m) a expressão da sua gratidão no relacionamento para com Deus, no relacionamento para com os outros ou para ambos os tipos de relacionamento?

Que diferenças você nota na sua capacidade de expressar a gratidão para com *Deus* e para com os *outros*? Você expressa a sua gratidão de maneira diferente nos seus diversos relacionamentos? Acredita ser mais concreto na sua gratidão em um relacionamento ou no outro? Talvez mais autêntico? Descreva os motivos que justifiquem a sua resposta.

5. "Em meio à noite mais escura da alma humana, Jesus encontrou motivo para agradecer. Todo mundo pode agradecer a Deus pela luz. Mas Jesus ensina a agradecer pela escuridão" (p. 103). Para que aspecto difícil da sua vida você sente que Deus o está convidando a expressar gratidão? Considere tornar essa gratidão concreta, talvez escrevendo sobre ela, compartilhando com alguém ou de algum outro modo. Se você não estiver pronto para expressar gratidão, expresse as suas preocupações ou a sua relutância para com Deus. Peça pela graça de poder dar o próximo passo.

Capítulo 10: Sobre escândalos e a falta de caráter na família

1. "[José] manteve os segredos de família guardados. Intocados e não resolvidos. José estava contente deixando o passado para trás" (p. 108). A seguir, estão listadas várias palavras e frases que caracterizam algumas das dificuldades e das disfunções encontradas na família de José. Enquanto examina a lista, marque as opções que também caracterizam a sua família.

- Abandono
- Complicações no casamento
- Morte prematura
- Ódio
- Disputas fraternais
- Favorecimento
- Dor grave
- Falta de preocupação com o próximo
- Abandono dos pais
- Culpa
- Engano
- Traição
- Infertilidade
- Remorso
- Abuso
- Casos extraconjugais
- Aspereza nas relações
- Sentimento de estar quebrado
- Ensimesmamento
- Segredos
- Negligência
- Outro:

a. Identifique dois ou três efeitos de longo prazo que esses problemas causaram em você.
b. Quando reflete sobre as dificuldades e as disfunções na sua família, você tende a se sentir como José, pensando que é melhor deixar os problemas no passado? Ou você deseja que tudo possa ser tratado com clareza? Como a sua perspectiva sobre esses problemas se compara com a perspectiva de outras pessoas da sua família?
c. Que medos ou preocupações vêm à cabeça quando você considera revisitar o seu passado familiar ou conversar com algum membro da sua família sobre os impactos de longo prazo causados pelos problemas que você identificou?

2. Parte do processo de cura inclui desenterrar os detalhes — os detalhes específicos de como você se machucou — e convidar Deus a reviver essas experiências com você.

a. Cite dois ou três detalhes que vêm à mente quando você reflete nos problemas de longo prazo identificados na questão 1. Se você não se sente confortável em escrever sobre esses detalhes, reflita sobre a sua resistência em fazer isso. Ao pensar em escrever os detalhes do que aconteceu com você, quais pensamentos e emoções surgem?
b. Ao refletir sobre a resposta da questão anterior, que ajuda você entende precisar de Deus? De que modo você quer experimentar a presença, o conforto ou a orientação divina?

3. Ficar frente a frente com antigas feridas pode causar uma grande desorientação. Quando José reencontrou os irmãos ele preferiu ocultar a sua identidade, falar com aspereza, fazer falsas acusações, mandá-los para a prisão, soltá-los, colocar condições na partida e no regresso deles, manter um dos irmãos como prisioneiro, esconder emoções poderosas e ser secretamente generoso com eles (Gênesis 42:6-28).

a. Que pensamentos conflitantes e emoções afloram em você ao pensar na possibilidade de lidar com antigas feridas e com as pessoas ligadas a elas?

b. Com quais dos comportamentos de José você mais se identifica? Por quê?

4. "[Deus] nos dá mais do que pedimos e vai mais fundo do que gostamos. Ele não quer apenas parte do seu coração; ele quer o seu coração inteiro. Por quê? Porque pessoas machucadas machucam outras pessoas" (p. 111).

a. Em quais áreas da sua vida você sente que o seu coração não está inteiro? Pode ser um relacionamento difícil, alguma insegurança pessoal, uma perda significativa, um comportamento autodestrutivo ou um padrão de repetição de pecado ou de fracasso. Faça um breve resumo da sua situação.

b. Qual é o buraco exato do seu coração que se relaciona com as áreas que você identificou? Por exemplo: se você identificou um relacionamento difícil, talvez o buraco no seu coração seja a dificuldade de perdoar, a falta de esperança na reconciliação ou alguma dor do passado.

c. De que maneira essa falta de completude no coração o levou a dizer ou a fazer coisas que machucam ou que afetam negativamente outra pessoa? Considere tanto relacionamentos do passado quanto relacionamentos atuais.

5. O caminho da reconciliação de José com a sua família foi longo e difícil, mas começou com um pequeno gesto de misericórdia e de graça — ele carregou a montaria dos irmãos com trigo e devolveu sem alarde toda a prata que eles tinham pagado pelos grãos. Foi um presente claro e gratuito.

a. José deu aos seus irmãos aquilo de que eles mais precisavam. Os irmãos estavam dispostos a pagar, mas ele deu o trigo como presente. O que você entende que os seus familiares mais necessitam de você em relação ao passado?

b. Que pequeno ato de misericórdia e de graça você percebe que Deus o está convidando a oferecer para alguém da sua família?

Capítulo 11: A vingança é boa, até que...

1. A vingança é uma retaliação — uma tentativa de equilibrar os pratos da balança da justiça ao punir alguém que errou contra nós. Em alguns casos, como na Casa do Rancor de Joseph Richardson, a retaliação pode chegar a níveis extremos.

   a. Assim como Richardson, algumas pessoas tentam agir externamente de modo hostil. Outras expressam essa mesma hostilidade com atos *interiorizados*; elas se fecham emocionalmente e chegam até a afetar um relacionamento. Que abordagem — exterior ou interior — melhor descreve o seu comportamento?

   b. Identifique uma ou duas oportunidades sutis ou não tão sutis em que você se vingou de alguém que errou contra você. De que modo as suas ações afetaram a outra pessoa? De que modo as suas ações afetaram a si mesmo?

2. O apóstolo Pedro tratou do tema da vingança colocando-a no contexto da relação humana com Cristo:

   > Também Cristo sofreu no lugar de vocês, deixando-lhes exemplo, para que sigam os seus passos [...] Quando insultado, não revidava; quando sofria, não fazia ameaças, mas entregava-se àquele que julga com justiça. (1Pedro 2:21, 23)

   a. O termo grego traduzido como "entregar-se" é *paradidomi* (par-ad--id-o-mi). Significa "entregar ou submeter à custódia de outrem".

Na Grécia antiga, esse termo era usado para descrever o ato de entregar um prisioneiro à corte.[8] Usando essas imagens como referência, como você descreveria o que significa entregar-se a Deus em vez de efetivar a vingança?

b. Reflita sobre o que você leu a respeito dos encontros de José com os irmãos e identifique as maneiras com que José entregou a si mesmo e aos seus sofrimentos a Deus.

c. De que forma essa passagem o desafia ou incentiva em relação ao sofrimento e ao desejo pela vingança?

3. "Consertar os inimigos? Esse é um trabalho para Deus. Perdoar os inimigos? Ah, é aí que você e eu entramos em cena" (p. 121-122). Como cristãos, devemos ir muito além de não efetivar a vingança; aqui, o mandamento é amar os inimigos:

> Vocês conhecem a antiga lei: "Amem seus amigos", e seu complemento não escrito: "Odeiem seus inimigos". Quero redefinir isso. Digo que vocês devem amar os inimigos. Deixem que tirem o melhor de vocês, não o pior. Se alguém fizer mal a vocês, reajam com a força da oração, pois assim agirão do fundo do seu verdadeiro ser, do ser que Deus criou. É o que Deus faz. Ele dá o melhor — o Sol que aquece e a chuva que traz vida — a todos, sem distinção: os bons e os maus, os simpáticos e os antipáticos. (Mateus 5:43-45, MSG)

a. Que características mais acertadamente descrevem o melhor que há em você? Escreva até cinco palavras ou frases. Você pode dizer, por exemplo: "Sou gentil, generoso e bem-disposto."

b. O que lhe vem à cabeça quando você reflete sobre ter de dar o melhor — o ser que Deus criou — às pessoas que você precisa perdoar, ou àquelas a quem você tem dificuldade de amar?

4. "O perdão vacila assim mesmo. Funciona aos trancos e barrancos, com dias bons e dias ruins [...] Mas tudo bem. Quando se trata de

perdoar, somos todos amadores. [...] Contanto que você esteja tentando perdoar, então estará perdoando" (p. 123).

a. Pare por um momento e reflita sobre um esforço que você precisou fazer para perdoar alguém. Qual foi a sua abordagem? Você sentia que precisava fazer isso de uma vez por todas? Ou foi pensando a respeito, gradualmente? Você teve dificuldades durante o processo?
b. Como você se descreveria, nas atuais circunstâncias, em relação a perdoar? Você diria que está ativamente tentando perdoar ou que está evitando perdoar?
c. A orientação de Jesus na passagem de Mateus 5 diz: "reajam com a força da oração". De que maneira específica você pode orar pelo bem e abençoar a pessoa que machucou você?

Capítulo 12: O príncipe é o seu irmão

1. "Os irmãos mais velhos podem fazer toda diferença" (p. 128).

    a. Na sua opinião, quais são as características que definem o irmão (ou irmã) mais velho(a)? Escreva algumas palavras ou frases.
    b. Em que casos você sentiu a necessidade de um irmão mais velho na sua criação? Em que situações você mais precisou de alguém que personificasse as características que você escreveu?
    c. Nessas situações, em quais aspectos ter — ou não ter — um protetor afetou você?
    d. Qual a necessidade que você tem de ter um irmão mais velho hoje? Em que situações você gostaria que houvesse alguém para ajudá-lo com as características que você identificou anteriormente?

2. José teve com os seus irmãos uma reunião cheia de drama e de carinho (pp. 129-130).

a. Depois de ler a história, de que maneiras você se identifica com José, que estava em posição de vantagem e precisava escolher entre perdoar ou não?

b. Em quais aspectos você se identifica com os irmãos, que estavam vulneráveis, esgotados e necessitando do perdão?

c. Leia Gênesis 45:1-15. Quais características de um irmão mais velho você reconhece no tratamento que José dispensa aos seus irmãos?

3. O apóstolo Paulo oferece uma imagem forte de Cristo como nosso irmão:

> Aqueles que de antemão conheceu, também os predestinou para serem conformes à imagem de seu Filho, a fim de que ele seja o primogênito entre muitos irmãos...
> Quem os condenará? Foi Cristo Jesus que morreu; e mais, que ressuscitou e está à direita de Deus, e também intercede por nós.
> (Romanos 8:29, 34)

Reflita sobre a última linha da passagem novamente; dessa vez, com a tradução da Bíblia *A mensagem*:

> Aquele que morreu por nós — e por nós foi ressuscitado para a vida! — está na presença de Deus neste exato momento, intercedendo por nós. (Romanos 8:34, MSG)

a. A Bíblia trata Cristo por meio de várias metáforas, como um pastor (João 10:11), uma vinha (15:5), a luz (8:12) e pão (6:35). Que perspectivas particulares a imagem de Cristo como um irmão — especialmente como primogênito — oferece sobre quem ele realmente é?

b. De que maneiras você já experimentou Cristo como alguém que cuida de você como um irmão mais velho ideal (releia a questão 1)?

c. Em que você precisa que Jesus interceda por você, que ele peça por você, nas circunstâncias que você está enfrentando?

4. "Você vai sair dessa. Não porque você é forte, mas porque o seu Irmão é. Não porque você é bom, mas porque o seu Irmão é" (p. 134).

   a. Nas circunstâncias atuais, você tende a confiar mais na sua própria capacidade ou prefere tentar ser o "melhor" possível para encarar as adversidades?
   b. O que é que dificulta os seus esforços de confiar em Cristo e acreditar que ele vai ajudar você a passar por isso?

Capítulo 13: Diga adeus às despedidas

1. "A morte é a despedida mais difícil de todas" (p. 138).

   a. A quem você já teve de dizer um último adeus? Que perdas adicionais aprofundaram a sua dor depois da morte dessa pessoa? Você perdeu as esperanças ou os planos para o futuro, uma companhia, alguém para compartilhar as férias?
   b. Mesmo sem a perda de alguém querido, o sofrimento sempre inclui algum tipo de perda. Que perdas você teve de enfrentar por conta das adversidades pelas quais está passando? Pela perda da segurança, de um relacionamento, de uma oportunidade, de um emprego, de liberdade, de saúde, de sonhos?

2. "O resto do mundo seguiu em frente; você luta para fazer o mesmo. Mas você não consegue; você não consegue dizer adeus" (p. 141). Às vezes nos recusamos a dizer adeus porque isso exige finalmente aceitar que algo ou alguém agora passa a estar irremediavelmente perdido.

a. Das perdas que você descreveu na questão 1, quais delas você diria que ainda tem o que lamentar e aprender a abrir mão?
b. O que impede você de dizer adeus?

3. Use este momento para mergulhar em verdades bíblicas a respeito do Céu. Conforme lê as seguintes passagens na sua Bíblia, anote as palavras ou frases que mais se destacam na sua opinião.

> Apocalipse 21:3-42 Apocalipse 22:3-5
> Coríntios 5:1-5   Salmos 16:11
> João 14:1-3   1João 3:2
> Filipenses 3:20-21 Lucas 22:28-30
> 1Coríntios 15:50-54

a. Leia novamente a lista de palavras e frases que você escreveu. Que conexão você consegue fazer entre essas palavras e frases e as perdas que você identificou na questão 1?
b. Que consolo ou ânimo você encontrou nos versículos sugeridos?

4. Assim disse o escritor C.S. Lewis:

> Tanto o bem quanto o mal, na sua plena maturidade, se tornam retrospectivos... É isso o que os mortais não compreendem. Eles dizem de um sofrimento temporal: "Nenhuma bênção futura poderá compensar essa dor", sem saber que o Céu, uma vez atingido, trabalhará de forma retroativa e transformará até mesmo aquela agonia em glória.[9]

a. Como você compreende a ideia de que o bem cresce, que ele começa em um estágio imaturo e que acaba alcançando a "plena maturidade"? De que modo essa ideia reafirma ou contradiz as suas experiências?
b. Sabendo que determinadas coisas só vão conseguir a plena maturidade da bondade no Céu, de que forma você avalia o desenvolvimento da sua bondade diante das perdas ou das dificuldades

atuais? Você acha que a bondade ainda está escondida como uma semente no solo? Que está começando a aflorar? Que já é plena e que rende frutos?

c. O que lhe vem à cabeça quando você pensa que o Céu é "retrospectivo", que ele trabalhará a sua vida em retrospectiva? Qual é a primeira coisa que você espera ver transformada em glória?

5. O autor de Hebreus faz um convite para vermos a nós mesmos como atletas em um estádio lotado em um dia de competição (12:1-3). Imagine... Enquanto você completa mais uma volta na pista dessa corrida de longa distância, o barulho dos gritos e dos incentivos vindos das arquibancadas é quase ensurdecedor. As pessoas que incentivam você não são meras espectadoras, mas atletas condecorados; elas sabem tudo que é preciso não só para terminar a corrida, mas para vencê-la. Entre os seus maiores fãs, estão: Abraão, Sara, Isaque, Jacó, José e todos que terminaram a corrida antes de você (capítulo 11). Todos os presentes no estádio estão em pé. Todos estão torcendo por você: "Corra! Corra! Corra!"

a. Enquanto continua na corrida, quais rostos você espera ver na multidão de testemunhas que povoam a arquibancada? Considere personagens bíblicos importantes para você e pessoas amadas que já terminaram a corrida antes de você.

b. O que você precisa ouvir mais das pessoas que estão torcendo por você na arquibancada? Que tipo de incentivo pode fazer você continuar a correr, com os olhos fixos em Jesus e na alegria da linha de chegada?

Capítulo 14: Mantenha a calma e siga em frente

1. José compreendeu que Deus estava presente na crise. "Deus precedeu a fome. Deus iria superar a fome. Deus estava lá, o tempo todo, durante a fome" (p. 149).

a. Em que medida você acredita que Deus está trabalhando nas suas dificuldades neste momento? A sua crença é muito baixa, moderada ou alta? Como você a descreveria?

b. Quais são os dois ou três fatores que mais influenciaram essa avaliação? Entre esses fatores, estão incluídos eventos, experiências, relacionamentos ou crenças recentes ou do passado?

2. Max apresenta duas histórias sobre como Deus pegou algo que era doloroso no início, mas que foi usado para criar algo extremamente bom (pp. 149-150).

a. Nas suas circunstâncias atuais, que dor você espera que Deus use para fazer algo de bom?

b. Se você pudesse ter certeza de que Deus usaria essa dor, de que forma você acredita que esse conhecimento poderia mudar a sua experiência atual?

3. Na corrida para chegar ao polo Sul, Roald Amundsen seguiu um plano de percorrer de 25 a trinta quilômetros por dia, independentemente do tempo; Robert Scott não seguiu plano algum, chegando ao limite nos dias com tempo bom e parando nos dias com tempo ruim. Em um livro sobre essa corrida posteriormente publicado, Amundsen escreve: "A vitória espera aquele que tem tudo em ordem — algo que as pessoas chamam de sorte. A derrota é certa para aquele que se nega a tomar as precauções necessárias no seu devido tempo; a isso chamam azar".[10]

a. Que similaridades você reconhece entre a estratégia e a filosofia de Amundsen na conquista dos perigos do polo Sul e a abordagem utilizada por José na conquista da crise da fome?

b. O que você acha que significa "tomar as precauções necessárias no seu devido tempo" quando se enfrenta um desafio pessoal ou uma crise? Como referência, talvez você possa considerar como José conseguiu ter sucesso não só quando tinha poder e autoridade para lidar com a fome, mas também como ele procedeu quando ainda era um escravo na casa de Potifar e quando ele estava preso.

c. Você diria que está mais para Scott, permitindo que os dias bons e os dias ruins ditem a sua resposta, ou mais para Amundsen, fazendo um progresso constante independentemente das circunstâncias?

d. De que modo a história dos dois homens desafiam a sua perspectiva em relação a sua situação atual? E de que modo essa história o incentiva?

4. Os peritos em gerenciamento Jim Collins e Morten Hansen identificaram o autocontrole como principal característica distintiva dos líderes corporativos que conseguem ter sucesso em tempos turbulentos (p. 153). O escritor Dalla Willard define o autocontrole como "a capacidade estável de se direcionar para a realização daquilo que se escolheu ou se decidiu ser ou fazer, ainda que você 'não esteja a fim'".[11]

a. Enquanto reflete sobre a crise ou os desafios que está enfrentando, onde você acredita faltar confiança na sua capacidade de exercer o autocontrole? Quais fatores tornam essa opção um grande desafio para você?

b. A Escritura promete que "Deus está sempre agindo em vocês para que obedeçam à vontade dele, tanto no pensamento como nas ações." (Filipenses 2:13, NTLH). Que pensamentos e ações você precisa receber de Deus para resistir ao impulso que diz: "Não estou com vontade"?

5. "Você pode traçar uma estratégia. Lembre-se de que Deus está no meio da crise. Peça que ele lhe dê um papel do tamanho da palma da mão com um plano, contendo dois ou três passos que você possa realizar hoje mesmo" (p. 153).

a. Dependendo de onde você está na sua crise ou na sua dificuldade, um plano pode ser de curto prazo, pensando em como atender as demandas da próxima hora, ou de longo prazo, planejando com semanas ou meses de antecedência. Que período de tempo parece mais adequado para receber o seu planejamento? Uma hora, um dia, uma semana ou mais tempo?

b. O que você pretende alcançar nesse período de tempo? Tente manter um objetivo específico e mensurável. Por exemplo, "Confiar mais em Deus" é algo bom, mas difícil de medir. Um objetivo mais mensurável poderia ser: "Toda vez que eu sentir medo, vou me entregar a Deus e escrever uma oração em um diário".

c. Que dois ou três passos você pode dar para progredir em direção ao seu objetivo? Se você precisa de ajuda para identificar ou avançar por esses próximos passos, quem você poderia chamar para ajudar?

Capítulo 15: Mal. Deus. Bem.

1. A seguir, estão listadas dez verdades bíblicas que você experimentou ao longo deste livro.

- Nada na minha vida passa despercebido de Deus (Salmos 139).
- Deus está próximo de mim (Salmos 23:4).
- O Senhor vai trabalhar os planos que tem para a minha vida (Salmos 138:8).
- Deus usa testes para me treinar e me preparar (Tiago 1:2-4); todos os testes são passageiros (1Pedro 1:6).
- Deus está sempre operando em mim (Filipenses 1:6).
- Posso esperar no Senhor porque ele é fiel, misericordioso e poderoso (Salmos 130:5-7).
- A recompensa para a perseverança é uma vida gloriosa (Tiago 1:12).
- Uma perspectiva da eternidade coloca todos os meus problemas em uma nova ótica (2Coríntios 4:17).
- Jesus advoga por mim (Romanos 8:34).
- Nas mãos de Deus, o mal intencional se torna o bem final (Gênesis 50:20).

a. De que modo essas verdades afetaram a sua perspectiva ou a experiência das dificuldades na sua vida? De que maneiras você diria que isso representa uma mudança em relação ao ponto em que você estava no começo do livro?
b. Quais são as duas ou três verdades que mais importam para você neste momento? Quais necessidades essas verdades atendem?
c. Escreva uma declaração personalizando uma ou mais verdades que são importantes para você. Por exemplo: Deus já sabe o que vou ter de enfrentar amanhã. Nenhum mal na minha vida vai impedir Deus de operar o plano que ele tem para mim. Deus está próximo de mim quando estou sozinho. O meu sofrimento não é inútil — Deus pode usá-lo para me treinar, e Deus vai usá-lo para fazer o bem.
d. Reflita sobre como você pode fazer dessa declaração personalizada um lembrete concreto da fidelidade que Deus tem para com você. Você pode compartilhar essa declaração com dois ou três amigos e pedir que eles a enviem por *e-mail* ou por mensagem de texto para você ao longo da semana. Memorize a passagem da Escritura em que se baseia a sua declaração ou deixe-a em algum lugar em que você possa ver diariamente. Escreva a sua declaração em um cartão pequeno e pregue-o a um enfeite no qual você possa ter um lembrete visual de que a sua fé está crescendo mesmo em meio às dificuldades.

2. "Quando Deus aparece em nossa vida, o mal se transforma em bem" (p. 157).

a. Faça uma tabela simples com três colunas em uma folha de papel. Comece com a primeira coluna da esquerda e escreva "Mal", "Deus" e "Bem" em cada coluna.
b. Na primeira coluna, escreva duas ou três frases com detalhes específicos sobre os desafios que você está enfrentando.
c. Na segunda coluna, ore e lembre de aspectos do caráter de Deus que são relevantes a esses desafios.

d. Na terceira coluna, reflita sobre qualquer bem que tenha vindo da atividade de Deus em meio às circunstâncias que o cercam. Se você tiver dificuldade para identificar algo de bom, considere então o bem que você espera que surja a partir das adversidades que está enfrentando. Veja o exemplo a seguir:

Mal	**Deus**	**Bem**
Perdi meu emprego.	Deus é generoso, soberano e está sempre por perto. Mudanças não o confundem, nem o intimidam.	Não vejo mais ligação entre o meu trabalho e a sensação de segurança de que necessito. A minha segurança está nas mãos de Deus.

3. Max compartilha a história de Christine Caine (pp. 159-160) para demonstrar como Deus pode usar a nossa escuridão para espalhar a luz.

    a. Conforme você reflete sobre o que escreveu na sua tabela, que "luz" você entende que Deus pode estar convidando você a espalhar?
    b. Responder ao convite de Deus não requer que você descubra tudo o que tem de fazer de uma vez só; mas requer que você dê apenas o próximo passo, por menor que ele seja. Que pequeno passo você poderia dar nas próximas 24 horas para responder ao convite de Deus?

4. O capítulo 1 estabelece a mensagem deste livro ao enfatizar o seguinte incentivo: "Você vai passar por isso. Não vai ser sem dor. Não vai ser rápido. Mas Deus vai usar essa bagunça toda para o bem. Por enquanto, não seja tolo nem ingênuo. Mas também não se desespere. Com a ajuda de Deus, você vai passar por isso."

a. Reflita sobre a caminhada pessoal que você fez ao ler este livro. Considere especialmente toda e qualquer maneira por meio da qual você tenha experimentado o cuidado de Deus para com você (seja no conforto, no incentivo, na sabedoria, na provisão ou na perseverança).
b. De que modo a preocupação de Deus com você o está ajudando a "sair dessa"?
c. Reserve um tempo para uma oração silenciosa. Expresse a sua gratidão a Deus por todas as maneiras pelas quais ele mostrou o carinho que tem por você. Entregue as suas dúvidas e dificuldades a ele e peça por aquilo de que você precisa neste momento. Reserve algum tempo de silêncio, convidando Deus a dizer palavras de amor por você nesse silêncio. Encerre esse momento de oração louvando a Deus, por quem ele é e pela soberania que ele tem na sua vida.

NOTAS

Capítulo 1: Você vai sair dessa

1. Ênfase minha.
2. Spiros Zodhiates, ed., *The Hebrew-Greek Key Word Study Bible: Key Insights into God's Word, New American Standard Bible*, ed. rev. (Chattanooga, TN: AMG, 2008), Gênesis 50:20. Ver também "Greek/Hebrew Definitions", Bible Tools, Strong's #2803, *chashab*, disponível em <www.bibletools.org/index.cfm/fuseaction/Lexicon.show/ID/H2803/chashab.htm>.
3. O mesmo termo é empregado em Gênesis 13:4 ("tinha *construído* um altar"), Jó 9:9 ("O que *fez* a Ursa" [ACF]) e Provérbios 8:26 ("Ele ainda não havia *feito* a terra").
4. Zodhiates, *The Hebrew-Greek Key Word Study Bible*, Gênesis 50:20. Ver também *Strong's Exhaustive Bible Concordance Online*, #6213, disponível em <www.biblestudytools.com/lexicons/hebrew/nas/asah.html>.
5. Gênesis 50:20 da Bíblia *A mensagem*.
6. Ênfase minha.
7. José provavelmente tinha 17 anos quando foi vendido aos midianitas (Gênesis 37:2). Ele tinha 28 quando o copeiro, que prometera ajudá-lo a sair da prisão, foi solto (40:21-23). Dois anos depois, quando tinha trinta anos, José interpretou os sonhos do faraó (41:1,46). E tinha em torno de 39 anos quando os seus irmãos vieram ao Egito pela segunda vez (45:1-6), no segundo ano da fome, depois dos sete anos de fartura.

Capítulo 2: Para baixo, para baixo... Para o Egito

1. "Todos os pastores são desprezados pelos egípcios" (Gênesis 46:34).

Capítulo 3: Sozinho, nunca solitário

1. JJ Jasper, em conversas pessoais com o autor. Usado com permissão.
2. Thomas Lye, "How Are We to Live by Faith on Divine Providence?", in *Puritan Sermons 1659—1689* (Wheaton, IL: Richard Owen Roberts, Publisher, 1981), 1:378.
3. Ênfase minha.
4. Ênfase minha.
5. Edward Mote, "The Solid Rock", in *Sacred Selections for the Church*, comp. e ed. Ellis J. Crum (Kendallville, IN: Sacred Selections, 1960), p. 120.
6. Agostinho, *Saint Augustine: Sermons on the Liturgical Seasons*, trad. Para o inglês irmã Mary Sarah Muldowney (New York: Fathers of the Church, 1959), pp. 85-86.
7. Ênfase minha.

Capítulo 4: Um erro não compensa outro

1. Gênesis 39:5.
2. David M. Edwards, "Song Story; Take My Hand, Precious Lord: The Life of Thomas Dorsey", *Worship Leader Magazine*, mar/abr/2010, pp. 64-65. Copyright © 2010 Worship Leader Partnership. Usado com permissão. Todos os direitos reservados.
3. Ibid, p. 65.
4. Thomas A. Dorsey, "Take My Hand, Precious Lord" (Hialeah, FL: Warner-Tamerlane, 1938, renewed). Todos os direitos reservados. Usado com permissão.
5. Edwards, "Song Story", p. 65.

CAPÍTULO 5: AH, ENTÃO É UM TREINAMENTO!

1. Howard Rutledge e Phyllis Rutledge com Mel White e Lyla White, *In the Presence of Mine Enemies—1965—1973: A Prisoner of War* (New York: Fleming H. Revell, 1975), pp. 33, 35.
2. Ênfase minha.
3. Spiros Zodhiates, ed., *The Hebrew-Greek Key Word Study Bible: Key Insights into God's Word, New American Standard Bible*, ed. rev. (Chattanooga, TN: AMG, 2008), #977, p. 1817. Ver também *Strong's Concordance with Hebrew and Greek Lexicon*, disponível em <http://www.eliyah.com/cgi-bin/strongs.cgi?file=hebrewlexicon&isindex=977>.
4. Ênfase minha.
5. Bob Benson, *"See You at the House": The Stories Bob Benson Used to Tell* (Nashville: Generoux, 1986), pp. 202-3.
6. Rutledge e Rutledge, *In the Presence*, pp. 39, 52.

CAPÍTULO 6: ESPERE ENQUANTO DEUS TRABALHA

1. Salmos 46:10.

CAPÍTULO 7: MAIS PERSISTENTE QUE O BOZO

1. Jay Kirk, "Burning Man", GQ.com, fev/2012, disponível em <www.gq.com/news-politics/newsmakers/201202/burning-man-sam-brown-jay-kirk-gq-february-2012>, pp. 108-15; Sam Brown, em conversa pessoal com o autor. Usado com permissão.

CAPÍTULO 8: DEUS É BOM QUANDO A VIDA É RUIM?

1. Christyn Taylor, CaringBridge.org, August 22, 2010, disponível em <www.caringbridge.org/visit/rebeccataylor1/journal/16/createdAt/asc>. Usado com permissão.
2. Joni Eareckson Tada, "God's Plan A", in *Be Still, My Soul: Embracing God's Purpose and Provision in Suffering*, ed. Nancy Guthrie (Wheaton, IL: Crossway, 2010), pp. 32-33, 34.

3. Donald G. Bloesch, *The Struggle of Prayer* (Colorado Springs, CO: Helmers and Howard, 1988), p. 33.
4. Taylor, CaringBridge.

CAPÍTULO 9: UMA COLHERADA DE GRATIDÃO PARA ACOMPANHAR, POR FAVOR

1. Henry Ward Beecher, Proverbs from Plymouth Pulpit: Selected from the Writings and Sayings of Henry Ward Beecher, comp. William Drysdale (New York: D. Appleton, 1887), p. 13.
2. Agradecimentos especiais a Daniel, por me permitir contar a sua história.

CAPÍTULO 10: SOBRE ESCÂNDALOS E A FALTA DE CARÁTER NA FAMÍLIA

1. Gênesis 37:2.
2. Gênesis 43:30; 45:2, 14, 15; 46:29; 50:1, 17.

CAPÍTULO 11: A VINGANÇA É BOA, ATÉ QUE...

1. "Spite House," New York Architecture Images, nycarchitecture.com, disponível em <http://nyc-architecture.com/GON/GON005.htm>.
2. *Strong's Exhaustive Bible Concordance Online*, #5117, disponível em <www.biblestudytools.com/lexicons/greek/nas/topos.html>.

CAPÍTULO 12: O PRÍNCIPE É O SEU IRMÃO

1. Rick Reilly, "Matt Steven Can't See the Hoop. But He'll Still Take the Last Shot", Life of Reilly, ESPN.com, 11/mar/2009, disponível em <http://sports.espn.go.com/espnmag/story?id=3967807>. Ver também Gil Spencer, "Blind Player Helps Team See the Value of Sportsmanship", *Delaware County Daily Times*, 25/fev/2009, disponível em <www.delcotimes.com/articles/2009/02/25/sports/doc49a4c50632d09134430615>.
2. Em retaliação a um ataque à irmã deles, Simeão e Levi massacraram todos os homens da vila de Siquém (Gênesis 34).

3. Ênfase minha.

Capítulo 13: Diga adeus às despedidas

1. "John Herschel Glenn, Jr. (Colonel, USMC, Ret.) NASA Astronaut (Former)", National Aeronautics and Space Administration, Biographical Data, disponível em <www.jsc.nasa.gov/bios/htmlbios/glenn-j.html>.
2. Bob Greene, "John Glenn's True Hero", CNN.com, 20/fev/2012, disponível em <www.cnn.com/2012/02/19/opinion/greene-john-annie-glenn/index.html>.
3. De uma conversa com Steven Chapman em 30 de novembro de 2011. Usado com permissão.
4. Todd Burpo com Lynn Vincent, *Heaven Is for Real: A Little Boy's Astounding Story of His Trip to Heaven and Back* (Nashville: Thomas Nelson, 2011), pp. 94-96.

Capítulo 14: Mantenha a calma e siga em frente

1. "The Story of Keep Calm and Carry On", vídeo do YouTube, 3:01, postado por Temujin Doran, em <www.youtube.com/watch?v=FrHkKXFRbCI&sns=fb>. Ver também *Keep Calm and Carry On: Good Advice for Hard Times* (Kansas City, MO: Andrews McMeel, 2009), introdução.
2. Jim Collins, "How to Manage Through Chaos", CNN Money, 30/set/ 2011, disponível em <http://management.fortune.cnn.com/2011/09/30/jim-collins-great-by-choice-exclusive-excerpt>.
2. Ibid.

Capítulo 15: Mal. Deus. Bem.

1. Christine Caine, *Undaunted: Daring to Do What God Calls You to Do* (Grand Rapids: Zondervan, 2012), p. 48.
2. Ibid., pp. 48-49.
3. Ibid., p. 191.
4. Christine Caine, em correspondência pessoal com o autor, de 8 de outubro de 2012.

Este livro foi impresso pela Cruzado, em 2022,
para a Thomas Nelson Brasil. O papel do miolo é
pólen natural 80g/m^2, e o da capa é cartão 250g/m^2.